Michael von Griechenland

Die Zarenpaläste Rußlands

Michael von Griechenland

Die Zarenpaläste Rußlands

Mit Fotos von Francesco Venturi

Aus dem Englischen übersetzt
von Gerda Kurz
und Siglinde Summerer

Droemer Knaur

Für Olga

Autor, Photograph und Verleger möchten folgenden Personen für
ihre Unterstützung bei der Herstellung dieses Buchs danken:
dem italienischen Konsul Alexander Bartenew, Herrn und Frau De Martino,
Anthony und Elizabeth Dymock, Andrei Maylunas, Grigori Melianenkow,
Nikolai Obutschowitsch, George Orbely, Neil Pattenden, Lucas Praun,
John Stuart, Gloria Venturi, Viktoria Zhelnowa sowie
den Kuratoren der Zarenpaläste und Celia für die sonnigen Tage.

Besonderer Dank gebührt Valery Zhukow.

ABBILDUNG SEITE 2: *Auch in Oranienbaum ist die Vorliebe der Italiener
im 18. Jahrhundert für klassische Ruinen und Plastiken spürbar.
Dieser in einem Winkel des Chinesischen Pavillons
aufgestellte klassische Kopf ist aber nur eine Kopie.*

Die Deutsche Bibliothek – CIP-Einheitsaufnahme

Die Zarenpaläste Russlands
Michael von Griechenland. Aus dem Engl. übersetzt
von Gerda Kurz und Siglinde Summerer. –
München : Droemer Knaur, 1994
Einheitssacht.: Imperial palaces of Russia < dt. >
ISBN 3-426-26744-6
NE: Griechenland, Michael von;
Kurz, Gerda [Übers.]: EST

Originaltitel: Imperial Palaces of Russia
Originalverlag: Tauris Parke Books, London,
in Zusammenarbeit mit KEA Publishing Services Ltd., London
© Copyright der deutschsprachigen Ausgabe
Droemersche Verlagsanstalt Th. Knaur Nachf., München 1994
© Copyright Text Prinz Michael von Griechenland 1992
© Copyright Fotos Francesco Venturi/KEA Publishing Services Ltd. 1992
Das Werk einschließlich aller seiner Teile ist
urheberrechtlich geschützt.
Jede Verwertung außerhalb der engen Grenzen des Urheberrechts-
gesetzes ist ohne Zustimmung des Verlags unzulässig und strafbar.
Das gilt insbesondere für Vervielfältigungen, Übersetzungen,
Mikroverfilmungen und die Einspeicherung und
Verarbeitung in elektronischen Systemen.
Umschlaggestaltung: Agentur ZERO, München
Umbruch: Ventura Publisher im Verlag
Druck und Bindearbeiten: Amilcare Pizzi s.p.a., Milano
Printed in Italy
ISBN 3-426-26744-6

2 4 5 3 1

Detail der Frontfassade des Rutschberg-Pavillons in Oranienbaum

Inhaltsverzeichnis

7	Einleitung	131	Peterhof, Schlößchen ›Cottage‹
13	Sommerpalast und Sommergarten	143	Der Winterpalast unter Nikolaus I. und Alexander II.
21	Peterhof	154	Strelna
39	Winterpalast	157	Marinski-Palais
47	Oranienbaum	162	Nikolaus-Palais
58	Ropscha	166	Das neue Michael-Palais
61	Marmorpalais	169	*Gatschina-Palais*
64	Tschesme	183	Anitschkow-Palais
67	Taurisches Palais	189	Großfürst-Wladimir-Palais
73	Zarskoje Selo	193	Palais der Fürsten Belosselski-Belosjorski
89	Pawlowsk	201	Zarskoje Selo und der Winterpalast unter Nikolaus II.
112	Das ehemalige Michaelsschloß	215	Register
118	Kamennostrowski-Palast		
123	Jelagin-Palais		
127	Michael-Palais		

Einleitung

Kein anderer Hof der Welt war je majestätischer, prächtiger und extravaganter als der russische Zarenhof, der sich bis heute einen legendären Ruf bewahrt hat. Ihm gehörten die meisten, die größten und die luxuriösesten Paläste der Welt. Kilometerlange Kolonnaden zogen sich durch unabsehbare Parkanlagen, die mit Pavillons übersät waren, von denen einer schöner als der andere war. Über den blauen, rosafarbenen und pistaziengrünen, mit Trophäen und Karyatiden verzierten Fassaden thronten die vergoldeten Zwiebeltürme der Kirchen. Alles an diesen Palästen war kolossal: die Gewächshäuser, die Nebengebäude, die Stallungen, ja sogar die Puppenhäuser.

Im Inneren hatte man seltene Marmorsorten, Malachit, Lapislazuli, Jaspis, Achat und Bernstein wie allergewöhnlichste Baustoffe verwendet. Selbst die seltensten Hölzer waren noch mit Elfenbein und vergoldeter Bronze veredelt. In einem Raum stand chinesisches Porzellan vor Bernsteinpaneelen, im nächsten hingen Gemälde von unschätzbarem Wert. Katharina die Große kaufte in Westeuropa ganze Kunstsammlungen auf, und Nikolaus I. ließ für diese zahllosen Meisterwerke ein großartiges Museum erbauen. Wandbehänge, Mobiliar, Teppiche und Porzellan stammten aus den besten Werkstätten und Manufakturen. Auch die kleinsten Geschmeide wie die von Fabergé, dem Goldschmied des letzten Zaren, waren mit Gold, Email und kostbaren Edelsteinen verziert. Diese exzessive Prachtentfaltung sollte den Betrachter beeindrucken und blenden, wie es dem Sitz des größten Weltreichs wohl anstand, eines in jahrhundertelangen Kämpfen gegen Invasoren von allen Seiten errichteten, durch blutige Aufstände im Inneren immer wieder erschütterten Reichs. Rußland besaß ein größeres Territorium als jede andere Nation in der Geschichte, und alle Regionen bargen immense Bodenschätze. In dieser riesigen Nation drehte sich alles um eine Person, den Zaren, und um eine Stadt, Sankt Petersburg. Moskau lebte nur noch als Erinnerung fort, als eine recht unangenehme sogar, deren man lediglich bei Krönungen gedachte. Alles drängte sich in und um Sankt Petersburg: die Paläste, die Landsitze, die Jagdschlösser und die kaiserlichen Sommerresidenzen. Fast alle wurden von ausländischen Architekten entworfen, zum größten Teil von Italienern: Antonio Rinaldi, Bartolomeo Rastrelli, Carlo Rossi, Giacomo Quarenghi, aber auch von Deutschen wie Andrei Stakenschneider. Auch die Dynastie selbst wurde nach dem Aussterben der Romanowlinie von Ausländern gestellt, die, ihren besten Absichten zum Trotz, dem Blut und dem Geist nach eben doch Fremde blieben. Die in einer so eintönigen Umgebung erbauten architektonischen Wunderwerke trugen dazu bei, den Mythos von Sankt Petersburg zu schaffen, dieser privilegierten Enklave, dieser Märchenwelt, die ihre Bewohner, vor allem die kaiserliche Familie, von der Wirklichkeit abschirmte. Immer mehr zogen sich die Herrscher in diese Region zurück,

Nikolaus' I. Arbeitszimmer im Peterhofer Schlößchen ›Cottage‹.
Der im Dachgeschoß gelegene Raum ist mit einer neugotischen Tapete
ausgeschlagen. Die Möbel und die nächtlichen Seestücke sind charakteristisch
für den einfachen Geschmack Nikolaus' I. und sein mangelndes Interesse an Kunst.

um sich nur noch in den Ferien auf die Krim oder zu Erholungskuren in einen westlichen Badeort oder zum Besuch eines englischen oder deutschen Cousins in die wirkliche Welt hinauszuwagen.

Als sich mein Großvater, Georg I., König von Griechenland, nach seiner Besteigung des wackligen griechischen Thrones auf Brautschau begab, entschied er sich für eine wunderschöne junge Russin, für die knapp fünfzehnjährige Großfürstin Olga Konstantinowna. Durch die Vermählung seiner Schwester mit dem Thronfolger, dem künftigen Alexander III., wurden weitere Bande zwischen den beiden Familien geknüpft. Außerdem heirateten beide Schwestern meines Vaters Großfürsten, und einer seiner Brüder, Nikolaus, in zweiter Ehe die schöne Großfürstin Elena Wladimirowna. Meine Großmutter Olga bewahrte sich eine so lebendige Erinnerung an ihr Vaterland, daß mein Großvater bei der Hochzeit ihrer Tochter Alexandra mit dem Großfürsten Paul zur Braut sagte: »Meine Tochter, ich hoffe, du bleibst in Rußland ebenso griechisch wie deine Mutter in Griechenland russisch geblieben ist.« Nachdem meine Großmutter genügend Prinzen und Prinzessinnen zur Konsolidierung des jungen, noch ungefestigten griechischen Throns geboren hatte, erzog sie ihren jüngsten Sohn, meinen Vater Christoph, ganz im russischen Geist. Im Palast von Pawlowsk geboren, durfte er sie alljährlich auf ihren Rundreisen durch Rußland zu ihren zahllosen Verwandten begleiten. Noch Jahre später erinnerte er sich an alle Einzelheiten dieser sagenhaften Ausflüge:

> Der russische Zarenhof war der prächtigste Hof in ganz Europa. Ja, er war es in einem Ausmaß, daß seiner Prachtentfaltung schon wieder etwas Barbarisches anhaftete. Die Zeremonien, vom alten Byzanz übernommen, beschworen die ruhmreichen Zeiten Katharinas der Großen und Frankreichs im 18. Jahrhundert herauf. Geld floß in Strömen, und nichts war zu teuer, selbst wenn es nur ein flüchtiges Vergnügen versprach. Der Zar konnte dank der reichen Bodenschätze seines mächtigen Reichs aus dem vollen schöpfen; die Einnahmen der Zarenfamilie beliefen sich auf Millionen. Umhänge waren mit Hermelin und Zobel besetzt, Harnische aus Gold und Silber gefertigt. Die Luxusindustrien florierten, und aus aller Welt strömten Künstler und Musiker herbei in der Gewißheit, am Hof einen Gönner zu finden. Unter dieser gleißenden Oberfläche lauerte jedoch, wie ein Tier auf der Pirsch, die Unzufriedenheit im Schutze des Schattens und erhob nur von Zeit zu Zeit das Haupt, bis zu dem Tag, an dem sie zum Sprung ansetzte und das gesamte Gesellschaftssystem vollständig umstürzte.
> Jeder Großfürst hatte seinen eigenen Hof und sein eigenes Wappen. Die Hofdamen der Großfürstinnen waren in den Farben des Hofs gekleidet. Wenn sie sich an hohen Feiertagen wie Ostern, Epiphanias oder der Erteilung des Wassersegens versammelten, wähnte man sich in das Mittelalter zurückversetzt. Die Kostüme glitzerten vor Edelsteinen, deren Wert in die Millionen ging, die Diamanten der Halsgeschmeide waren so groß, daß sie schon unwirklich wirkten, und die herkömmlichen Diademe waren mit taubeneiergroßen Rubinen und Smaragden besetzt. Jeder Zweig der Familie besaß seine eigene Sammlung historischer Juwelen, die er im Lauf der Jahrhunderte vom Zaren zum Dank für geleistete Dienste oder als Mitgift geschenkt bekommen hatte. Die Steine in der Krone selbst waren die schönsten auf der ganzen Welt.

Im Herbst 1990 erlebte die Sowjetunion etwas Merkwürdiges: den Sturz ihres großen Ideals, des Kommunismus, und das Wiederaufleben der alten Ideale, denn in dem herrschenden Durcheinander fanden die Leute außer der Vergangenheit nichts, woran sie sich hätten halten können. Nach siebzig Jahren öffneten nun die Kirchen wieder ihre Pforten, und die Gläubigen strömten herbei, um den Boden zu küssen und vor den wieder aufgehängten Ikonen Kerzen anzuzünden. Der Name des Zaren war in aller Munde, vor allem der letzte. Sein tragisches Geschick erregte die Gemüter, und seine Photographie wurde in den Straßen verkauft. Meine verwandtschaftlichen Beziehungen zu ihm öffneten mir viele Türen. Kaum war den Wächtern meine Identität flüsternd enthüllt worden, gingen die sonst von der unnachgiebigen Sowjetbürokratie so hermetisch versiegelten Türen wie durch Zauberschlag auf, so daß ich selbst die bis dahin unzugänglichsten Festungen von oben bis unten besichtigen konnte.

An erster Stelle sind die großen Paläste zu nennen, die heute als Museen dienen: der Winterpalast, Zarskoje Selo, Peterhof, Pawlowsk, die praktisch alle dem letzten Krieg zum Opfer fielen. Nach allgemeiner Überzeugung wurden sie von den Deutschen bei Abbruch der Belagerung von Leningrad aus Wut über die mißglückte Eroberung in die Luft gesprengt. Mit Ausnahme von Pawlowsk, dessen Schätze während des Kriegs in einem Versteck untergebracht waren, stehen diese riesigen Paläste heute leer. So stellt sich die Frage, wo die großen Sammlungen geblieben sind, all die Gemälde, Gobelins, Möbel, Bücher, Geschmeide, Miniaturen, all die Wertgegenstände und schönen Objekte aus Silber und Porzellan. Diebstahl, Zerstörung, selbst der große Ausverkauf nach dem Ersten Weltkrieg können unmöglich ihr vollständiges Verschwinden erklären. Darf man daraus schließen, daß noch große heimliche Lager vorhanden sind?

Jedenfalls sind diese ehedem zerstörten Paläste mittlerweile großartig wiederaufgebaut worden. Die Kommunisten haben sich leidenschaftlich bemüht, die von ihnen selbst so grausam zerstörte Vergangenheit zu bewahren, und die Russen haben sich durch ihre unendliche Sorgfalt, Geduld, Präzision und Kunstfertigkeit fraglos als die besten Restauratoren der Welt erwiesen. Wie früher erstrahlen die Wände im Glanz von Blattgold, und Lackpaneele zieren die erneuerte Holztäfelung. Auch die eingelegten Böden wurden nach alten Entwürfen restauriert, und wie ehedem hängt das schwere Kristall der Kronleuchter von den wieder mit Fresken ausgemalten Decken. Kurzum, die hell erleuchteten vergoldeten Ballräume mit ihren hohen, weithin in die Nacht hinaus strahlenden Fenstern stehen zum Empfang der alten Geister bereit.

Andere, weniger bekannte Paläste, die von der Armee oder anderen, wenig rücksichtsvollen Bewohnern an das Ministerium der Künste erst jüngst zurückgegeben wurden, beginnen sich gerade erst von den Jahrzehnten des Verfalls zu erholen. Meist sind bis jetzt nur ein Pavillon oder ein paar Räume restauriert. Das gilt zum Beispiel für Oranienbaum, dessen exquisite kleine Palaisbauten sich hinter jahrhundertealten Baumgruppen verbergen. Oder für Gatschina mit seinem Englischen Garten und seinen Mühlen inmitten der Seen: Langsam und allmählich werden auch sie wieder in alter Schönheit erstehen. Noch gar nichts geschehen ist bei Ropscha, dem Palast, in dem Peter III. vom Liebhaber seiner Frau, der späteren Katharina der Großen, ermordet wurde. Obwohl die Experten steif und fest behaupteten, von dem Schloß sei nichts erhalten, da die Deutschen es dem Erdboden gleichgemacht hätten, begab ich mich in das Dorf, wo ich hinter dem blaßblauen Holzzaun auch prompt auf das stark zerrüttete Gebäude stieß. Mit Hilfe eines Baedekers aus der Vorrevolutionszeit bemühte ich mich, weitere Stadt- und Landsitze der zahllosen Mitglieder der Zarenfamilie ausfindig zu machen. Ausgerüstet mit einem Stadtplan, dessen Straßennamen in der Zwischenzeit größtenteils geändert worden waren, wanderte ich auf der Suche nach Rokoko-Nachahmungen oder pompejanischen Fassaden durch die verlassenen Viertel der alten Hauptstadt und durch die sumpfigen, feuchten Wälder der Umgebung.

Die meisten Paläste sind von staatlichen Einrichtungen besetzt. Das Marmorpalais war in ein Lenin-Museum umgewandelt worden, das wahrscheinlich geschlossen wird. Jedenfalls erging die Order, die Erinnerungsstücke an den als Tyrannen entlarvten Roten Messias hinauszuwerfen. Der Palast des von Anarchisten ermordeten Großfürsten Sergei, dessen Frau, meine schöne Tante Ella, die Bolschewiken bei lebendigem Leib in einen Bergwerksschacht gestoßen hatten, war von der lokalen Kommunistischen Partei mit

EINLEITUNG Beschlag belegt worden. Auch sie soll den Palast nun auf Anordnung des Stadtrats räumen. Andere Gebäude werden von Gewerkschaften genutzt und dienen bis heute als Erholungsheime, Rathäuser oder Pionierclubs, in denen uns die Lehrer wegen der Unruhe, die unser Auftauchen bei den Schülern verursachte, wütende Blicke zuwarfen. Von außen machten diese Bauwerke mit ihrem frischen Anstrich einen intakten Eindruck; sie ähnelten den Photographien aus der Zeit vor der Revolution. Im Inneren aber waren sie radikal entstellt. Bei genauerem Zusehen allerdings kann man da oder dort einen frisch aufgeputzten Ballsaal entdecken, der von der trostlosen Umgebung sonderbar absticht, oder eine neugotische Bibliothek mit dem groß herausgestellten Monogramm eines Großfürsten, ein vergoldetes maurisches Rauchzimmer oder ein mit Marmorputten dekoriertes Treppenhaus. Nie wußten wir im voraus, was uns erwartete, und so fühlten wir uns bald wie Schatzsucher. Und in der Tat stießen wir, vielfach ganz unvermutet, auf Schätze, die nirgends verzeichnet waren. Möglicherweise werden all diese Paläste eines Tages wieder restauriert und der Öffentlichkeit zugänglich gemacht. Immer jedoch werden sie mehr sein als nur Museen, denn sie waren zu ihrer Zeit Symbole und werden es stets bleiben. Anfangs repräsentierten sie die Pracht und Herrlichkeit des

Zarenreichs; dann eine verabscheute Tyrannei; und heute schließlich symbolisieren sie die Krönung des kulturellen Erbes einer großen Nation und eines großen Volkes und die unvergänglichen Werte Rußlands.

EINLEITUNG

Eines schönen Tages zu Beginn des 18. Jahrhunderts bohrte Zar Peter I. auf einer kleinen, flachen, ungesunden, menschenleeren Insel in der Newa am nördlichsten Punkt seines Reichs, 540 Meilen von Moskau entfernt, seinen Stiefel in den sumpfigen Grund und rief: »Hier soll Sankt Petersburg stehen!«

Pjotr Alexejewitsch war kein einfaches Leben beschieden. Als Heranwachsender mußte er sich von der Regentin, seiner autoritären Halbschwester Sophie, befreien und eine Revolte der Leibgarde der Strelitzen niederschlagen. Außerdem war er in Kriege mit dem Ausland verwickelt, mit den Türken und mit den Schweden, deren eroberungsfreudiger, genialer König Karl XII. auf Rußlands Vernichtung aus war. Und schließlich mußte er sich mit der konservativen Haltung seiner Untertanen herumschlagen, die für den Fortschritt nicht zu haben waren. Peter selbst hatte unter falschem Namen das Ausland bereist, um die Entwicklung anderer Nationen persönlich zu studieren, und sich in holländischen Werften als Arbeiter verdingt. Er hatte den Westen gesehen und die Lektionen, die er dort gelernt hatte, nicht vergessen.

Wozu aber auf sumpfigem Grund in einem mörderischen Klima an einem fast immer zugefrorenen Fluß eine neue Hauptstadt erbauen? Aus einer jener Launen heraus, die für seine Vorgänger auf dem Zarenthron so charakteristisch waren? Mitnichten. Peter traf seine Entscheidung aus einer messerscharfen logischen Erwägung: Durch diese Gründung hoffte er, Rußland aus seiner Isolation herausführen und für den Westen, die Welt und die Zukunft zu öffnen, kurzum, die nach innen gekehrte russische Nation zu einem Weltreich machen zu können. Auf diesem armseligen, von eisigen Winden gepeitschten Gelände sah er Paläste, Senatsgebäude, Zunfthäuser, Kathedralen, Märkte, ja, ganze Viertel mit fleißigen Ausländern vor seinem geistigen Auge erstehen.

Die Gefahren eines solchen Unternehmens, die unüberwindlichen Schwierigkeiten, die ungeheuren Kosten, vornehmlich an Menschenleben, kümmerten ihn wenig. Er setzte das Geschick seines ganzen Landes aufs Spiel, und das Wagnis zahlte sich aus. Stolz legte er den Grundstein zum ersten Bauwerk der Hauptstadt, der Peter-Pauls-Festung. Und sehr bald schon, im Jahr 1703, ließ er sich hier, um den Gang der Arbeit persönlich zu überwachen, den Architekten und Ingenieuren zuzusetzen und die Arbeiter anzutreiben, eine 16,5 mal 6 Meter große Holzhütte bauen. Er begnügte sich mit drei winzigen Räumen: einem Schlafzimmer, einem Eßzimmer und einem Arbeitszimmer, legte aber großen Wert darauf, die bescheidenen Baustoffe zu kaschieren und ließ das Dach mit Ziegeln und die Mauern im Backsteinmuster bemalen. Ansonsten jedoch behagte dem Souverän, der sein Leben lang Pomp und Protokoll haßte, diese einfache Residenz, und so wurde die schlichte Hütte zum ersten der sagenhaften Paläste, die sich am gegenüberliegenden Newa-Ufer aufreihten.

Barocke Verzierung über dem sonst eher bescheidenen Eingang am von Peter I. erbauten Sommerpalast (siehe Seite 13). Putten halten die Kaiserkrone über dem russischen Wappen. Die Trophäen und Kanonen sind eine Anspielung auf Peters Siege auf dem Schlachtfeld.

Sommerpalast und Sommergarten

Mit dem wachsenden Sankt Petersburg sah sich Peter der Große gezwungen, sein zu klein gewordenes Holzhaus gegen ein größeres Quartier zu vertauschen. So ließ er sich vom Architekten der Peter-Pauls-Festung, Domenico Trezzini (1670–1734) aus Lugano, einen Palast errichten, für den die Bezeichnung »Palast« allerdings etwas hochtrabend ist. Wiewohl größer als das alte Domizil, war der massige, unprätentiöse, rechteckige Bau am Zusammenfluß des Flüßchens Fontanka und der Newa (Peter liebte Seen und Schiffe) für den Sitz eines großen Reichs doch reichlich klein. Außerdem war er, da es in der Umgebung keine Stein- oder Marmorbrüche gab – wie die gesamte prächtige Hauptstadt – gänzlich aus Ziegeln errichtet und verputzt.

Außen wie innen war das Gebäude von holländischer Einfachheit, wie sie Peter auf seinen Auslandsreisen bewundern und schätzen gelernt hatte, im Erdgeschoß war es in sechs Räume aufgeteilt. Hier lebte und arbeitete Peter der Große, hier speiste er und hier empfing er Gäste. Der große Zar liebte das einfache Leben, trug mit Vorliebe alte Sachen, ausgetretene Schuhe und von seiner Frau und seinen Töchtern schon hundertmal gestopfte Socken. Natürlich besaß er auch elegante westliche Kleidung mit Stickereien, Spitzen und Goldverzierungen, aber er legte sie nie an. Diesen Hang zur Einfachheit spiegelte auch sein ganzer Hof: Für ihn hatte Größe nichts mit der Zahl von Kammerherren zu tun. Er kam ohne sie und ohne große Dienerschaft aus. Ihm genügten zwei Kammerdiener und sechs Denschtschiks, junge Männer, die ihm paarweise abwechselnd als Kuriere, Kellner, Stallknechte und Nachtwächter dienten. Bei seinen Ausfahrten im Sommer benutzte der Zar einen Einspänner, der so alt war, daß sich ein Moskauer Kaufmann seiner geschämt hätte, und im Winter einen von einem einzigen Pferd gezogenen Schlitten. Seine Gewohnheit, sich frei unter seinem Volk zu bewegen und sich nur von einer Person begleiten zu lassen, gab immer wieder Anlaß zur Besorgnis.

Eines Tages, als Peter im bescheidenen Audienzzimmer des Sommerpalastes bei einer Versammlung des Admiralitätskollegiums im ›Admiralitätsstuhl‹ den Vorsitz führte, tauchte im Vorzimmer ein Unbekannter mit einer kleinen Mappe von ähnlicher Farbe wie die Dokumentenmappen der Sekretäre auf. Der Mann wartete ruhig, ohne aufzufallen und ohne nach seinem Anliegen gefragt zu werden. Als der Zar mit seinen Ministern erschien, sprang er plötzlich auf und holte etwas aus seiner Mappe; die Denschtschiks, die ihn für einen Beamten hielten, ließen ihn gewähren. Erst in letzter Minute packte ihn einer von ihnen beim Arm: Ein kurzes Handgemenge folgte, und im selben Augenblick, in dem sich der Zar umdrehte, fiel ein Messer zu Boden. Peter I., der augenblicklich begriff, was geschehen war, fragte: »Warum wolltest du mich umbringen? Ich habe dir doch nichts getan.« »Mir nicht, aber meinen Brüdern und meiner Religion«, antwortete

Diese beiden klassischen Statuen im herbstlich gefärbten Laub
beschwören die romantische Atmosphäre des Sommergartens herauf.
Der Park war der Öffentlichkeit begrenzt zugänglich und wurde
viel von Dichtern, darunter auch von Puschkin, besucht.

SOMMERPALAST UND SOMMERGARTEN

der Mann, ein Altgläubiger, dessen traditionsgebundene, häretische Glaubensgemeinschaft Peter erbarmungslos verfolgt hatte, da er bestrebt war, das Reich zu einen und die Ketten, die es an die Vergangenheit fesselten, zu brechen.

Am liebsten hielt sich der Zar in seiner Werkstatt auf, die mit Instrumenten, Werkzeugen, mechanischen Drehbänken und Pressen vollgestopft war. Ihre schönste Zierde ist heute das berühmte Windmeßgerät zur Berechnung der Windrichtung und -stärke, das Peter von Johann Dinglinger, dem brillanten sächsischen Goldschmied, hatte anfertigen lassen. Und hier empfing der Zar auch mit Vorliebe seine Gäste: Staatsmänner, Gesandte, Kapitäne, Architekten. Der Repräsentant des Königs von Dänemark war nicht wenig erstaunt, den Kaiser in einem Lederschurz über eine Drehbank gebeugt, mit einem Elfenbeingegenstand beschäftigt, anzutreffen. Sichtlich voller Bedauern wandte sich der passionierte Handwerker von seiner Arbeit ab, um mit dem Gesandten Staatsangelegenheiten zu besprechen.

Peter war ein unermüdlicher Arbeiter. Selbst im Winter, wenn die Sonne in Petersburg erst nach neun Uhr aufging, stand er bereits um vier Uhr morgens auf und las Berichte, noch mit Nachtmütze und einem alten chinesischen Morgenrock bekleidet, konferierte mit seinen Ministern und empfing die Senatoren, die sich in seinem Vorzimmer drängten.

Nach einem leichten Frühstück um sechs ging er in die Admiralität, um hier ein oder zwei Stunden zu arbeiten, und dann in den Senat. Im Sommerpalast zurück, verbrachte er gewöhnlich eine Stunde in seiner Werkstatt, ehe er ein leichtes Mittagessen einnahm und dann einen Mittagsschlaf hielt. Um drei Uhr machte er, begleitet von seinem Privatsekretär, eine Runde durch die Stadt, den Notizblock in der Hand, um seine Einfälle aufzuschreiben oder in Ermangelung von Papier an den Rand des erstbesten Dokuments zu kritzeln. Manchmal arbeitete er in seinem Arbeitszimmer vierzehn Stunden am Stück; Ruhe und Entspannung waren für ihn Fremdwörter. Ständig bedrängte der Unermüdliche seine Umgebung mit der Frage: »Und was macht ihr zu Hause, wenn ihr nichts zu tun habt?« Eine Frage, auf die er selber keine Antwort wußte.

Besonders stolz war Peter der Große auf die Küche, die er im Sommerpalast hatte einrichten lassen. Da er es haßte, das Essen kalt vorgesetzt zu bekommen, hatte er die Küche gleich neben das Eßzimmer legen lassen, damit die Speisen auf schnellstem Weg durch eine Öffnung in der Wand gereicht und serviert werden konnten. Weit bemerkenswerter für seine Zeit aber war die Wasserleitung, die er von den Quellen im Garten zum Küchenausguß aus schwarzem Marmor installieren ließ, der ersten in ganz Rußland. Im übrigen war das Speisezimmer für die Familie und gute Freunde reserviert, denn am Mahagonitisch hatten nur acht Personen Platz.

Seine Lieblingsgerichte waren Sauerkohlsuppe, Spanferkel mit saurer Sahne, kalter Braten mit Essiggurken oder gesalzenen Zitronen. Kuchen vermied er, statt dessen zog er Früchte oder Käse vor. Fischspeisen lehnte er kategorisch ab, überzeugt, daß sie ihm nicht bekämen. Die Mahlzeiten verliefen ohne Zeremoniell; oft nahm er sie in Hemdsärmeln nur mit seiner Frau und einem Pagen oder einer Hofdame ein. Wenn er Minister oder Generäle zu Tisch geladen hatte, trug sein Koch und Kellermeister, unterstützt von ein oder zwei Pagen, auf, die strikte Anweisung hatten, nach dem Dessert zu verschwinden. Nicht ohne Grund war Peter I. überzeugt, daß alle Dienstboten spionieren. »Nicht genug damit, daß sie mich ausspionieren«, äußerte er dem preußischen Gesandten gegenüber, »zu allem Überfluß verstehen sie auch noch alles falsch.« Bei Geselligkeiten pflegte er mit seiner Frau am Tisch Platz zu nehmen und die Gäste aufzufordern: »Setzt euch, wo es euch beliebt. Wer keinen Stuhl findet, kann auch nach Hause gehen und mit seiner Frau essen.«

Er haßte es, Empfänge zu geben, weshalb er diese Pflicht, sooft es nur ging, auf seine Günstlinge abwälzte, vor allem auf seinen großen Favoriten und alten Freund, Fürst Menschikow, dem er, um seine Absicht zu unterstreichen, sogar Tische und Stühle schicken ließ. Menschikow richtete in seinem Haus auch Peters Hochzeit mit Katharina aus, seiner zweiten Frau, die aus so bescheidenen Verhältnissen kam, daß ihre Abstammung bis heute in Dunkel gehüllt blieb. Offensichtlich war sie entweder eine Magd aus der Provinz Litauen oder eine Marketenderin. Jedenfalls scheint sie durch viele Hände gegangen zu sein, vom Soldaten zum Feldwebel, zum Offizier, zum General, bis sie schließlich zu Menschikow kam, der sie seinerseits dem Zaren anbot. Dieser beschloß eines schönen Tages im Jahr 1712, die Liaison durch eine Eheschließung zu legalisieren. Wie immer war die Zeremonie sehr einfach gehalten. Sie fand um sieben Uhr morgens nur in Gegenwart der erforderlichen Zeugen in Menschikows kleiner Kapelle statt. Der anschließende Empfang im Sommerpalast mit Trommeln und Trompeten, reichen Livreen und sogar einigen sechsspännigen Kutschen war dann immerhin etwas förmlicher. Mehr aber schien dem Bräutigam daran gelegen zu sein, seine letzte Schöpfung, einen sechsarmigen Kandelaber aus Elfenbein und Ebenholz, vorzuführen. Voller Stolz erklärte er, nur zwei Wochen dazu gebraucht zu haben. An diesem Abend wurden die Gäste ausnahmsweise nicht, wie es sonst bei Hofe üblich war, zum übermäßigen Genuß von ungarischem Wein animiert.

Weit amüsanter für den Zaren war die vom unermüdlichen Menschikow in seinem Palais organisierte Zwergenhochzeit. Augenscheinlich genoß Peter I. diesen »Besitz«, den er sich eine Menge kosten ließ. Er war außerordentlich stolz auf seine Sammlung und liebte es, bei großen Festessen Pasteten auffahren zu lassen, in denen Zwerge verborgen waren, die heraussprangen, wenn er das Kunstwerk anschnitt. Ehen zwischen Zwergen wurden in der Hoffnung auf zahlreichen Zwergennachwuchs sehr gefördert. An jenem Abend führte der Zar die Prozession höchstpersönlich an. Hinter dem Brautpaar folgten Minister, Bojaren und Generäle, ihrerseits gefolgt von zweiundsiebzig weiteren Zwergen. Für das prächtig ausgerichtete Mahl waren extra kleine Tische für die Zwerge aufgestellt worden, die anschließend zum Amüsement des Hofes russische Tänze aufführten. An diesem Abend waren die Prachtexemplare der Sammlung zur Schau gestellt: einer mit einem riesigen Buckel, ein anderer mit einem gewaltigen Bauch, ein dritter mit einem überdimensionalen Kopf und ein vierter mit äußerst kurzen O-Beinen, der mehr rollte als ging. Der Zar, ein Hüne von gut über einem Meter achtzig, war von Winzlingen mit kleinen Schweinsaugen, langen Ohren und Hängebacken umringt.

Das Obergeschoß des Sommerpalastes war für die Kaiserin Katharina reserviert, die sich trotz ihrer persönlichen Neigungen dem Lebensstil ihres Mannes anpassen und mit einem Ballsaal für einige wenige Paare begnügen mußte. Umgekehrt versuchte Peter unter ihrem Einfluß, am Hof für etwas »Ordnung« zu sorgen, worunter er Anstand und Sitten verstand. Nach und nach ließ er an den Veranstaltungen auch Frauen teilnehmen und begrenzte so die reinen Männerzusammenkünfte, die immer mit einem schrecklichen Besäufnis endeten. Katharina ging sogar noch einen Schritt weiter und erklärte, Frauen dürften sich nie, unter keinen Umständen, und Männer nur abends nach neun Uhr betrinken.

Sie war die einzige, die ihrem Mann bei seinen Wutanfällen die Stirn zu bieten wagte. Einmal, als er, hochrot im Gesicht, mit wirrem Haar und vorquellenden Augen einen venezianischen Spiegel zerbrach und seine Frau anschrie: »Siehst du wohl, ich zerbreche das schönste Objekt vom ganzen Palast!«, antwortete sie: »Und hast du ihn dadurch nun schöner gemacht?« Nach Peters Tod bestieg diese mutige Frau dank Menschikows Intrigen den russischen Thron, und eine ehemalige Marketenderin wurde Zarin aller Reußen.

Peter I. beauftragte seinen französischen Architekten Alexandre Le Blond (1679–1719), um den Palast, ebenfalls im holländischen Stil, einen Sommergarten anzulegen, den er mit Statuen, Brunnen und Pavillons ausstattete. Er war so stolz auf diese Schöpfung, daß er den Park an hohen Fest- und Feiertagen, vornehmlich an den zur Erinnerung an seine Siege abgehaltenen Gedenktagen, für die Öffentlichkeit freigab. Bei solchen Anlässen

SOMMERPALAST
UND SOMMERGARTEN

Die Küche des Sommerpalastes, auf die Peter der Große besonders stolz war: eine moderne Küche mit fließendem Wasser und einer Durchreiche zum angrenzenden Speisezimmer, so daß das Essen stets warm auf den Tisch kam.

Das bescheidene Schlafzimmer Peters I. Das Bett ist nicht vornehmer als das irgendeines kleinen unbedeutenden Adligen. Das Bild des berühmten Zimmerbewohners wurde erst nach seinem Tod aufgehängt.

Eine klassische Statue im Sommergarten, umrankt vom frischen Grün des Frühlings.

Sommerpalast
und Sommergarten

18

pflegte der Zar den Veteranen persönlich Wein und Bier auszuschenken. Nach der letzten Pariser Mode gekleidet und schmuckbehangen, nahmen die Zarin Katharina und ihre Töchter Anna und Elisabeth die Gäste, einschließlich der Petersburger Schönheiten, huldvoll in Empfang. Die französische Mode war erst vor kurzem eingeführt worden, und nach Ansicht des Gesandten nahmen sich die Damen darin noch etwas linkisch aus, zumal sie es für verführerisch hielten, sich die Zähne zu schwärzen, um sich von den Negern und Affen mit weißen Zähnen abzusetzen. Die Gäste machten es sich in den Gartenlauben und an den runden Holztischen bequem, und die hochgestellten Geistlichen nutzten die Gelegenheit, um gewaltige Mengen Alkohol zu trinken, die selbst die größten Trinker in Erstaunen versetzten.

Rund fünfzig Jahre später schloß der Architekt und Designer Juri Velten (1730–1801) einen Teil des Sommergartens mit einem außergewöhnlich feinen und eleganten schmiedeeisernen Gitterzaun ein. Seiner Zeit weit voraus, gilt er als Inbegriff des klassizistischen Stils und als eines der kunstvollsten Meisterwerke in Sankt Petersburg. Bis zum Ende des 19. Jahrhunderts blieb der Sommergarten eine halböffentliche Einrichtung für die höhere Gesellschaft, in dem sich Generationen von Zaren, Dichtern und vornehmen Damen ergingen. Unter seinen Bäumen spielten sich zweifellos zahllose Romanzen ab, wie er auch den Rahmen für die viele Szenen der russischen Literatur abgab.

SOMMERPALAST UND SOMMERGARTEN

LINKS OBEN: *Blick auf die Kanalfassade des Sommerpalastes.*

LINKS UNTEN: *Das Arbeitszimmer Peters des Großen zeigt mit seinem großen Kachelofen, den schweren Holzschränken und dem eleganten Armstuhl die Vorliebe des Zaren für holländische Interieurs.*

Peterhof

Ein großes Problem für Peter den Großen waren die Schweden, die, vor allem unter ihrem König Karl XII., für Rußland eine stete Kriegsgefahr darstellten. Um dieser ständigen Bedrohung einen Riegel vorzuschieben, beschloß der Zar, auf der Insel Kotlin die Festung Kronstadt zu bauen, um von hier aus den Zugang zu Sankt Petersburg zu verteidigen. Wie gewöhnlich, wollte er die Bauarbeiten persönlich kontrollieren und überwachen. Um sich aber die lange Anfahrt von Sankt Petersburg mit dem Schiff zu ersparen, pflegte er mit einem Ruderboot vom nächstgelegenen Punkt an der Küste zur Insel überzusetzen.

Schließlich ließ er an dieser Stelle aus praktischen Erwägungen zwei Holzhäuser und eine Unterkunft für die Arbeiter bauen. Und da ihm die Lage, vor allem die Nähe der See, über die Maßen zusagte, ließ er auch noch ein Ferienhaus errichten. Wie stets überwogen auch bei diesem Bau wieder Bescheidenheit und Einfachheit, so daß er eher einem Pavillon als einem Palast glich. Wie nicht anders zu erwarten, wählte Peter für ›Monplaisir‹ (so nannte er diesen Zufluchtsort) den holländischen Stil. Da das Palais auf seinen Wunsch so nah ans Wasser gerückt worden war, daß der Schlag der Wellen immer und überall zu hören war, mußte sich der Zar bei Stürmen in den Galerien Bewegung verschaffen. Wind und Gischt verboten Spaziergänge im Freien.

Die Ausgestaltung besorgte ein französischer Maler und Nicolò Michetti (1675–1758), ein Architekt mit viel Sinn für Innenausstattung. Schlafzimmer und See-Kabinett waren für den persönlichen Gebrauch Peters des Großen reserviert; für seinen Sekretär war ein Büro vorgesehen; und mit dem Lack-Kabinett, einem winzigen Raum mit zerbrechlichen Chinoiserien und kostbarem Porzellan, wurde zum ersten Mal ein Zimmer eingerichtet, das nur dekorativ war. Der Große Saal in der Mitte des Hauses diente als Wohn- und Eßzimmer, und hier wurde eines Abends auch der hannoversche Gesandte empfangen, der es in Unkenntnis der sonderbaren Sitten des Gründers des modernen Rußlands kaum erwarten konnte, Seiner Kaiserlichen Majestät von Angesicht zu Angesicht gegenüberzutreten. Seine Ungeduld sollte fürstlich belohnt werden.

> Schon beim Abendessen wurden die Gäste, obwohl Seine Majestät selbst verboten hatte, zu viel zu trinken, so reichlich mit Tokaier bewirtet, daß sie sich nach dem Essen kaum noch auf den Beinen halten konnten. Trotzdem wurde jeder von der Zarin höchstpersönlich genötigt, noch einen Kelch zu leeren, so daß sie schließlich ihrer Sinne kaum mehr mächtig waren. In diesem Zustand wurden alle hinausgetragen, einige in den Garten, andere in den Wald und die übrigen irgendwohin

Marly, ursprünglich ›Das kleine Haus am Meer‹, von Nicolò Michetti und I. F. Braunstein errichteter Pavillon von Peterhof. Standort, architektonische Gestaltung und Inneneinrichtung wurden von Peter I. mitbestimmt. Als Vorbild für die Kaskade diente die Kaskade von Marly, einem von Ludwig XIV. erbauten Schloß, nach dem der Pavillon im Peterhof schließlich benannt wurde.

PETERHOF gelegt, wo sie an Ort und Stelle in Schlaf sanken. Um vier Uhr nachmittags wurden sie geweckt und ins Lustschloß zurückgebracht, wo der Zar jedem eine Axt in die Hand drückte und ihnen befahl, ihm zu folgen. Er führte sie in eine Schonung mit jungen Bäumen, markierte ungefähr hundert Schritt von der Küste landeinwärts einen Pfad durch das Gehölz und hieß sie die Bäume fällen, was sich für die Männer, die immer noch nicht ganz bei Sinnen waren, als äußerst mühselig erwies. Gleichwohl folgten sie seinem Beispiel unverdrossen, und als drei Stunden später die Arbeit getan und die Schneise geschlagen war, hatte sich auch der Alkohol verflüchtigt. Ein Minister hatte sich mit solchem Eifer ans Werk gemacht, daß er von einem fallenden Baum übel zugerichtet worden war. Nachdem der Zar jedem persönlich für seine Mühe gedankt hatte, nötigte er sie, ihm beim Abendessen Gesellschaft zu leisten, bei dem der Alkohol in solchen Strömen floß, daß sie ins Bett getragen werden mußten. Nach knapp anderthalb Stunden Schlaf wurden sie um Mitternacht von einem Günstling des Zaren aus den Träumen gerissen und, ob sie wollten oder nicht, zum Fürsten von Tscherkessien geschleppt, der mit seiner Gemahlin bereits im Bett lag. Dort saßen sie bis vier Uhr morgens und tranken Wein und Branntwein. Am nächsten Tag hätte keiner zu sagen vermocht, wie er nach Hause gekommen war. Gegen acht Uhr wurden dann alle zum Frühstück bei Hof gebeten, anstelle des erwarteten Tees oder

Die kleine, zierliche Eremitage, ein am Finnischen Meerbusen gelegenes Pavillonpalais von Alexandre Le Blond und Bartolomeo Rastrelli, besteht in jedem Geschoß nur aus einem einzigen Raum. Der intime Charakter des Baus wird noch durch einen Burggraben unterstrichen.

Kaffees jedoch mit großen Tassen voll Branntwein willkommen geheißen und anschließend zum Luftschnappen auf einen hohen Hügel in der Nähe des Palastes geschickt.

NÄCHSTE SEITEN: *Mit seiner ungeheuer langgestreckten Fassade, der von Frankreich inspirierten Gartenanlage und dem imposanten Neptunbrunnen ist Peterhof eine wahre Demonstration von Pracht und Herrlichkeit.*

Petrodworez oder ›Peterhof‹, wie die Residenz genannt wurde, entwickelte sich im Lauf der Zeit zu einem der bedeutendsten Schloßparkensembles. Als leidenschaftlicher Bauherr, der er war, konnte Peter dem Drang, die Wildnis um den von ausgedehnten Wäldern umgebenen Palast zu domestizieren, nicht widerstehen. Er machte Skizzen über Skizzen, die er ohne viele Worte seinen Architekten übergab.

Dem ersten Landschaftsgärtner I. F. Braunstein folgte bald ein zweiter, ein Schüler André Le Nôtres, der Franzose Alexandre Le Blond, der mit seinen Arbeiten in Rußland berühmt wurde. Gestützt auf die Entwürfe des Zaren, schufen sie einen riesigen Park mit Alleen, Ausblicken, begrünten Hügeln und verbindenden Terrassen und setzten schließlich, als Mittelpunkt des komplexen, die Große Kaskade speisenden Teich- und Brunnensystems, das Große Schloß hinein. Die Schar der beschäftigten Arbeiter, dreißigtausend an der Zahl, veranlaßte eine englische Besucherin zu der sarkastischen Bemerkung, die gemeinen Verrichtungen seien hier wahrhaftig kaiserlich zu nennen. Außerdem tauchten da und dort, wie üblich an Wegkehren, verschiedene Pavillons auf.

Die Eremitage, ein zierlicher, den Winden der Ostsee ausgesetzter Bau, wurde zu Peters

Monplaisir, das erste Bauwerk von Peterhof, ein Werk der Architekten Braunstein, Le Blond und Michetti, stellte mit seinen zahlreichen Schlafzimmern, Büro- und Empfangsräumen und den vielen Nebengebäuden eine Miniaturresidenz der Zaren dar.

PETERHOF   Refugium im Refugium. Um vor Höflingen und Dienern gleichermaßen absolut sicher zu sein, ließ der Zar den Pavillon mit einem Burggraben mit Ziehbrücke umgeben. Das Innere bestand nur aus zwei Räumen, die ursprünglich nicht einmal durch eine Treppe miteinander verbunden waren. Die Gäste mußten auf einem Spezialstuhl maschinell ins Eßzimmer im Obergeschoß hinaufgehoben werden, ebenso der Tisch für vierzehn Personen.

Durch einen parallel zur Küste verlaufenden, grasbewachsenen Kamm vor dem Meer geschützt, erhebt sich Marly am Ende eines künstlich angelegten Sees, in dem Speisefische für die kaiserliche Tafel gehalten wurden. Außerdem ließ Zar Peter darauf Wasserspektakel mit Gondeln und Feuerwerken veranstalten. Seinen Namen verdankt der Pavillon der angrenzenden Marly-Kaskade, für die der Wasserfall des französischen Lustschlößchens Marly als Vorbild gedient hatte. Auch die Ausgestaltung dieses Pavillons beaufsichtigte der Zar persönlich. Nach Fertigstellung wurde der Bau für die Gemäldesammlung bestimmt, die Peter jedem seiner Gäste selbst zeigte. Da Peterhof frei zugänglich war, durfte das Schloßparkensemble nur mit Erlaubnis des Zaren besucht werden.

Unter Peters Tochter, der Zarin Elisabeth, wurde das Große Schloß beträchtlich vergrößert, der Le Blondsche Bau von Bartolomeo Rastrelli (1700–1771) um ein weiteres Geschoß aufgestockt, um zwei Flügel erweitert und dann nochmals beidseits durch Galerien verlängert, die jeweils in einem Pavillon endeten – auf der einen Seite in einer Kapelle mit den üblichen goldenen Zwiebeltürmen und auf der anderen in dem von Kaiseradlern bekrönten sogenannten Heraldischen Pavillon. Bei der Innenausgestaltung der Neubauten wurden Peters Intentionen dem Geschmack der zweiten Hälfte des 18. Jahrhunderts angepaßt, und in dieser Form wurde der Palast nach dem Zweiten Weltkrieg auch restauriert.

Peter der Große selbst hat nie im Großen Schloß gewohnt, das sonderbarerweise auch von seinen Nachfolgern gemieden wurde. Obwohl es bei allen beliebt war, zogen es alle vor, in Monplaisir abzusteigen.

Detail des Schloßdachs. Das ursprünglich von Le Blond entworfene Große Schloß wurde vom italienischen Architekten Bartolomeo Rastrelli um ein Geschoß aufgestockt und mit dekorativen Elementen wie diesem Rundfenster verziert. Rastrelli, ein Anhänger des italienischen Barock, bezog verschiedene typisch russische Stilmerkmale mit ein.

Ein weiterer Ausschnitt von Rastrellis Dachentwurf zeigt das Familienemblem, den zweiköpfigen Doppeladler, in Gold auf dem schönen Zwiebelturm.

Tusch vor der Hauptfassade des Peterhof-Palasts. Eine städtische Kapelle in Kostümen aus zaristischer Zeit vertreibt den Schlange stehenden Schloßbesuchern beim Warten die Zeit.

Das Große Schloß von Peterhof, Aquarell von Iwan Aiwasowski (1817–1900), 1837. Das heute wieder aufgebaute Schloß hat sich seit seiner Erbauung Mitte des 18. Jahrhunderts kaum verändert. Aiwasowski, ein Lieblingsmaler der Zarenfamilie, gehört zu den besten russischen Landschaftsmalern aus der zweiten Hälfte des 19. Jahrhunderts.

Die Große Kaskade in Peterhof mit ihren vergoldeten Stufen aus grünem Marmor, von klassischen Figuren flankiert. Die vergoldete Figur im mittleren Becken auf dem sogenannten Goldenen Berg stellt Samson im Kampf mit dem Löwen dar.

Die Olga-Insel, Peterhof, eine künstliche, nach der Tochter Nikolaus' I. benannte Insel auf dem Schloßgelände. Farbstich aus dem 19. Jahrhundert.

Gärten und Stallungen von Peterhof, Aquarell aus dem 19. Jahrhundert. Mitglieder des Hofs und Besucher ergehen sich in den für die Allgemeinheit geöffneten Gärten. Die Stallungen im Hintergrund, in den fünfziger Jahren des 19. Jahrhunderts von Nikolai Benois erbaut, erinnern an Hampton Court.

PETERHOF

Peterhof, Landhaus, das blaue Arbeitszimmer Alexanders II., Aquarell von E. G. Hau, 1850. Der heute zerstörte Bau war eine große Villa im Alexanderpark nahe der Ostsee. Der Raum, in dem eindeutig die Neugotik vorherrscht, ist typisch für die Vorliebe Alexanders II. für Luxus und Komfort.

Peterhof, der an den Thronsaal anstoßende, durch eine Doppelreihe von Fenstern hell erleuchtete, in Gold und Weiß erstrahlende Audienzsaal.

Peterhof, das im Zweiten Weltkrieg vollkommen zerstörte prächtige Treppenhaus mit Marmorböden und vergoldeten Statuen, dessen Restauration höchsten Anforderungen entspricht.

Peterhof

Blick auf Marly von den Stufen des Großen Schlosses von Peterhof aus.

Monplaisir. Blick durch einen Bogengang des Pavillons über die äußere Balustrade.

Peterhof, die Orangerie, Fassade. PETERHOF

Peterhof, Landhaus, Aquarell von E. G. Hau.

RECHTS: *Thronsaal. Dieser auf beiden Seiten von Fenstern und den dazwischen eingefügten Spiegeln erleuchtete riesige Raum nimmt die ganze Breite des Palastes ein. Die üppige, vergoldete Dekoration spiegelt die Macht des Russischen Reichs unter Katharina II. wider.*

Peterhof, Großes Schloß. Der für den persönlichen Sekretär des Zaren reservierte Empfangssaal, der wieder, wie in der Zeit vor der Revolution, in dem für die europäischen Königshöfe der Zeit typischen Geschmack mit blauen Draperien, französischem Mobiliar, chinesischem und Sèvres-Porzellan ausgestattet wurde.

Winterpalast

Die Geschichte des Winterpalastes ist unauflöslich mit der Geschichte von Sankt Petersburg verbunden. Unmittelbar nach Beginn der Bauarbeiten an der neuen Hauptstadt ordnete Peter der Große auch die Errichtung einer Winterresidenz an, die fast ebenso bescheiden ausfiel wie der Sommerpalast. Zehn Jahre später (1721) entstand, immer noch bescheiden in den Ausmaßen und immer noch im holländischen Geschmack, ein zweiter Winterpalast, in dem Peter der Große vier Jahre später im Alter von zweiundfünfzig Jahren starb. Danach errichtete sein Lieblingsarchitekt Domenico Trezzini, der schon den Sommerpalast entworfen hatte, eine dritte, bereits etwas imposantere Version.

Natürlich ging auch der Herrscherwechsel nicht spurlos an dem Palast vorüber; er brachte einschneidende Veränderungen und vor allem eine Vergrößerung auf Kosten der Adelspalais, die das Pech hatten, in seiner Nachbarschaft zu stehen. Dieser vierte Winterpalast diente der Regentin Anna Leopoldowna als Residenz, einer indolenten Frau, die für ihren Sohn, den kleinen, 1740 einjährig zum Zaren ausgerufenen Iwan IV., die Regierungsgeschäfte führte. Von beiden Elternteilen her war sie deutscher Abstammung, deshalb umgab sie sich ausschließlich mit Deutschen, zu denen auch ihre Günstlinge, der Minister Ostermann und der Feldmarschall Münnich gehörten. Ihre Herrschaft war von inkompetenten, äußerst unpopulären Ausländern geprägt, und so war es nicht weiter verwunderlich, daß sich die loyalen Russen und die durch den deutschen Einfluß ausgebooteten Franzosen Elisabeth Petrowna zuwandten, der Tochter Peters des Großen, einer Russin von Geblüt und Geist.

Am 5. Dezember 1741 kamen ihre Anhänger, darunter ihr Arzt, Lestocq, der französische Botschafter, La Chetardière, und ihr Günstling, Alexei Rasumowski, in tiefer Nacht in ihrem Haus zusammen. Die Situation hatte sich gefährlich zugespitzt. Tags zuvor hatte die Regentin Elisabeth beschuldigt, ein Komplott gegen sie zu schmieden, und der allmächtige Minister Ostermann beschlossen, die Elisabeth ergebenen Garderegimenter von der Hauptstadt zu entfernen und an die schwedische Front zu schicken, wo der Krieg ewig weiterging. Elisabeth war drauf und dran, alles verloren zu geben. »Natürlich erfordert die Situation viel Mut«, erklärte einer ihrer Anhänger, »und auch ich frage mich, wo wir ihn hernehmen sollen, wenn nicht vom Blut Peters des Großen.« Durch diese Bemerkung angefeuert, legte Elisabeth einen Brustharnisch an, nahm ein silbernes Kreuz und begab sich um zwei Uhr morgens durch die stillen, verlassenen Straßen der verschneiten Stadt zu den Kasernen des Preobraschenskischen Regiments. Dort hielt sie eine Ansprache an die von ihren Anhängern versammelten Truppen, die ihr mit einem lauten Schrei antworteten. »Dann laßt uns also aufbrechen«, erklärte Elisabeth und setzte sich

Der Winterpalast, eines der Meisterwerke Bartolomeo Rastrellis, der die ungemein lange Fassade des riesigen Baus mit Pilastern, Statuen und Brüstungen verzierte, um nicht den Eindruck von Monotonie aufkommen zu lassen.

WINTERPALAST an die Spitze des Zugs. »Aber denkt daran, was auch immer geschieht, kein Blutvergießen.«

In der Nähe des Winterpalastes sprang sie vom Pferd, um zu Fuß weiterzugehen, wurde aber, weil der Schnee zu tief war, von den Soldaten kurzerhand auf die Schultern gehoben. In der kaiserlichen Residenz angelangt, entließ sie als erstes die Wachen, gab Kommandos und schritt, nur von einigen wenigen Grenadieren begleitet, die Paradetreppe hinauf. Mit den Worten: »Wach auf, Schwester«, betrat sie das Schlafzimmer, in dem die Regentin mit ihrer Favoritin, Julia Mengden, schlief. Beim Anblick der Soldaten begriff Anna sofort, was die Stunde geschlagen hatte. Anstandslos ließ sie sich samt ihren Nachkommen, dem kleinen Zaren und seiner Schwester, festnehmen. »Arme Kinder«, sagte Elisabeth und schloß beide in die Arme, »ihr könnt nichts dafür. Das ist die Schuld eurer Eltern.« Nach einer halben Stunde war der Winterpalast eingenommen und seine Besatzung vollständig entmachtet. Das war eine kurze Revolution.

Zurück in ihrem Haus, trat Elisabeth trotz der bitteren Kälte auf den Balkon hinaus, um sich der jubelnden Menge zu zeigen. Ostermann wurde zum Tod durch das Rad verurteilt; Feldmarschall Münnich sollte erst die Hand, dann der Kopf abgeschlagen werden; bei anderen sollte nur der Kopf rollen. Am 29. Januar 1742 wurden die Verurteilten zum Schafott gebracht. In dem Augenblick, in dem der einstige Minister vor dem Richtblock niederkniete und der Henker das Beil schon aus dem Sack zog, kam ein Staatssekretär angaloppiert und verkündete: »Gott und Ihre Majestät schenken Euch das Leben.« Woraufhin sich Ostermann erhob und mit ruhiger Stimme um seine Perücke bat. So ähnlich Elisabeth Petrowna ihrem Vater, Peter dem Großen, in vielem auch war, seinen Hang zur Einfachheit teilte sie nicht. Unter der Herrschaft ihrer Schwester, wie

Die Südfassade des Winterpalastes mit der 1834 von Zar Alexander I. zur Verherrlichung seines Sieges über Napoleon errichteten Alexandersäule.

WINTERPALAST

später auch unter der ihrer Cousine, hatte sie äußerste Vorsicht walten lassen müssen. Da sie wußte, daß sie als gefürchtete Rivalin ständig überwacht wurde, hatte sie bis zum Zeitpunkt ihrer Machtergreifung alles vermieden, was die Aufmerksamkeit auf sie hätte lenken können. Danach freilich konnte sie ihren Wünschen und Träumen freien Lauf und als Zarin aller Reußen endlich auch einen würdigen Palast errichten lassen. Das Genie, das Rußland unter ihrer Herrschaft seinen unvergänglichen Stempel aufdrücken sollte, hatte sie bereits entdeckt: den Italiener Bartolomeo Rastrelli, der als Sechzehnjähriger mit seinem Vater, einem bekannten Bildhauer, nach Rußland gekommen war, der hier verschiedene Aufträge erhalten hatte. Bartolomeo, ein exzellenter Kenner des westlichen Barock, zeigte sich für die russische Kunst und Architektur in einem Maße aufgeschlossen, daß er mit seinen Bauwerken einen eigenen Stil kreierte, eine Synthese aus westlichen und östlichen Einflüssen, die als »elisabethanischer Barock« in die Kunstgeschichte einging. Alle während seines dreißigjährigen Wirkens in Sankt Petersburg errichteten Bauten tragen seine Handschrift.

1775 nahm Rastrelli sein Hauptwerk in Angriff, ließ den vierten Winterpalast mit den benachbarten Gebäuden abreißen und für die Dauer der Bauarbeiten am sechsten Palast einen fünften als behelfsmäßige Unterkunft für den Hof erstellen. Auf der Baustelle waren über zweitausend Maurer aus Jaroslawl und Kostroma und viele Soldaten beschäftigt. Da die scheinbar unerschöpflichen Mittel der Krone aber doch nicht ausreichten, mußte sich Rastrelli persönlich an den Senat wenden. Der Palast, begründete er seine Bitte um Gelder, werde ja schließlich nicht nur der Zarenfamilie, sondern ganz Rußland zum Ruhme gereichen.

Um bei den gewaltigen Ausmaßen des Baus den Eindruck von Monotonie zu vermeiden,

Fuß der 48 Meter hohen und 700 Tonnen schweren granitenen Alexandersäule.

WINTERPALAST wechselte er Reihen ionischer mit Reihen dorischer Säulen ab, variierte die Umrahmung der Fenster und bevölkerte das flache Dach mit einer Reihe von Bronzestatuen und klassischen Urnen. 1760 war der Palast fertiggestellt und der Hof zog mit zweitausend Personen als Dauerpersonal ein, das, wenn der Souverän hier residierte, fast verdoppelt wurde.

Im Erdgeschoß waren Verwaltungsbüros, Lagerräume, Küchen, Dienstpersonal und Soldaten untergebracht, im ersten Stock die Staats- und Prunkräume und im zweiten die Schlafräume der zahllosen Höflinge. Elisabeth selbst, obwohl eine mutige Frau, schlief jede Nacht in einem anderen Zimmer, Salon oder Boudoir, für das sie sich, aus Angst vor einer Verschwörung, immer erst in letzter Minute entschied. Sie war eine lebenslustige Frau, die auch von dem Blick aus dem Fenster auf die Peter-Pauls-Festung, die kaiserliche Nekropole und ihre eigene künftige Grablege, nicht irritiert war. Wie alle ihre Nachfolger betrachtete sie den vergoldeten Turm der Kapelle, wenn er lang und spitz auf dem gegenüberliegenden Newa-Ufer aus dem Nebel auftauchte, als eine Mahnung an die Eitelkeit und Vergänglichkeit weltlicher Reichtümer.

Trotz des sich wandelnden Geschmacks, trotz Änderungen und Feuersbrünsten, Revolutionen und Bombardements zeugen heute noch zwei Wunder von Elisabeths Herrschaft: die Kapelle, deren Tür ihr Monogramm trägt und die sonderbar fast unter das Dach gebaut scheint, und die prächtige ›Jordantreppe‹, über die der Souverän alljährlich am 6. Januar zur Newa herabstieg, um in Erinnerung an die Taufe Jesu die Wasser des Flusses zu segnen. Daher auch ihr Name.

Nachdem sie in den Winterpalast gezogen war, war Elisabeth auch imstande, den Traum ihres Geliebten Alexei Rasumowski zu verwirklichen, eines armen Kosakenjungen, der ihr wegen seiner schönen Stimme und seines guten Aussehens im Kirchenchor aufgefallen war. Seitdem hatten sie einander die Treue gehalten. Rasumowski liebte Elisabeth nicht um ihrer Krone, sondern um ihrer selbst willen und ließ sich von ihr nur äußerst widerstrebend mit Ehren überhäufen. Er schämte sich seiner einfachen Herkunft nicht und vergaß seiner Mutter nie, daß sie nach dem Tod seines Vaters, eines alten Trunkenboldes, für ihre Kinder betteln gegangen war. Als eines schönen Tages vor der Hütte der alten Rasumika in der fernen Ukraine eine Märchenkutsche hielt, um sie abzuholen, traute sie ihren Augen nicht. Und ebensowenig konnte sie es fassen, daß der große, in Samt und Seide gekleidete feine Herr, der sie in der Hauptstadt in Empfang nahm, ihr Sohn, der junge barfüßige Hirte von einst, sein sollte. Ehe sie ihrer Schwiegertochter vorgestellt wurde (mit ziemlicher Sicherheit hatte Elisabeth Rasumowski heimlich geehelicht), versuchte man, sie halbwegs präsentabel zu machen, brachte ihr die notwendigsten Formen der Etikette bei, kleidete sie nach der letzten Pariser Mode ein, puderte sie, behängte sie mit Juwelen und setzte ihr schließlich eine Perücke auf. Dergestalt herausgeputzt, wurde sie im Eiltempo durch eine nicht enden wollende Zimmerflucht des Winterpalastes geschleppt. Als plötzlich eine weiß gepuderte, juwelengeschmückte Frau vor ihr auftauchte, warf sie sich in der Überzeugung, die Herrscherin vor sich zu sehen, zu Boden. In Wirklichkeit jedoch war es ihr eigenes Spiegelbild, das sie in dieser Aufmachung nicht wiedererkannt hatte.

Elisabeth war eine schöne, wenn auch mit der Zeit recht füllige Frau von üppigen, ganz ihrem überschäumenden Temperament entsprechenden Formen. Von Haus aus sinnlich veranlagt, verstand sie, aus ihrer Fülle Kapital zu schlagen, indem sie sich nackt als Venus

Die Jordantreppe in ihrer ursprünglichen, von Rastrelli geschaffenen Ausgestaltung. Dieser Ausschnitt zeigt gemalte trompe-l'œil-*Fenster und klassische Figuren. Der Name geht auf den Brauch des Wassersegens zurück. Alljährlich am 6. Januar stiegen der Zar und sein Hofstaat zum Gedenken an die Taufe Christi über diese Treppe zu den Wassern der Newa hinab, um den Fluß zu segnen.*

malen ließ. Sie war extravagant und liebte Putz: Nach ihrem Tod wurden in ihren Schränken dreißigtausend Kleider gezählt. Und sie war kapriziös: Als sie eines Tages zur Unterzeichnung eines wichtigen Vertrags angesetzt hatte, bei »Eli« angelangt, aber durch eine Fliege gestört wurde, ließ sie sich ein halbes Jahr Zeit, bis sie »sabeth« anfügte. Gelegentlich konnte sie auch sehr heftig sein. So packte sie bei einem Ball eine ihr allzu elegant erscheinende Hofdame so brutal bei den Haaren, daß sie ihr ein ganzes Büschel ausriß. Kurz, sie war sehr russisch, trotz aller Exzesse sympathisch und populär und de facto ja der letzte wirklich russische Monarch. Wie ihr Vater liebte sie nichts mehr als Trinkgelage mit Männern, meist Soldaten. Dabei ging es, zum Abscheu von Blaustrümpfen, die solche Sitzungen als vulgär empfanden, stürmisch und lärmend zu.

Nach den Hofbällen mit ihrer unvorstellbaren Prachtentfaltung, bei denen ihr Botschafter und Generäle nur eben die gnädig ausgestreckte Hand küssen durften, zog sie sich mit ihren Favoriten zu ausgedehnten Trinkgelagen in ihre Privatgemächer zurück. Und wie sie selber war auch ihr Hof: superb, aber schlecht geführt, beherrscht von geschickt unter einem westlichen Mäntelchen verborgenen Atavismen und östlichen Exzessen.

Die Jahre konnten Elisabeths Schönheit wenig anhaben. So bezeugte eine erst vor kurzem eingetroffene junge deutsche Prinzessin, daß die Zarin jeden, der sie zum ersten Mal sah, durch ihre Schönheit und ihr majestätisches Auftreten tief beeindruckte. Sie war eine stattliche Frau, die trotz ihrer Fülligkeit doch nicht unförmig oder schwerfällig und in ihrer Beweglichkeit behindert wirkte. Auch ihr Gesicht war schön. Wenn sie sich in Gala warf, was allerdings nur gelegentlich geschah, wenn sie sich herabließ, in der Öffentlichkeit zu erscheinen, trug sie einen mit Goldborten besetzten silbernen Reifrock, zahllose Diamanten im Haar und eine schwarze Feder seitlich am Kopf.

Diese frischgebackene junge Witwe in den besten Jahren sollte Elisabeths Neffen, den designierten Thronfolger, Großfürst Peter, heiraten und später als Katharina den Beinamen »die Große« erhalten. Sie war alles andere als begeistert von ihrem künftigen Gemahl, den sie pueril, fast zurückgeblieben, feige und durch die Pocken entstellt fand.

Der von Stakenschneider entworfene Pavillon-Saal zwischen dem Winterpalast und der alten Eremitage ist mit seinen orientalischen Brunnen, Kristallüstern, antiken Mosaikböden und Kunstgegenständen aus Edelsteinen der feinste und exotischste Raum des ganzen Palastes.

Oranienbaum

Seit der Errichtung von Peterhof, Peters des Großen Sommerresidenz am Meer, glaubte sein Günstling Menschikow es dem Zaren gleichtun zu müssen. Aber hatte sich Peter anstelle eines Palastes mit einem bescheidenen Haus begnügt, baute der Emporkömmling statt eines Hauses einen prächtigen Palast. Die Ausführung übertrug er dem italienischen Architekten Carlo Fontana (1634–1714), den er vollkommen mit Beschlag belegte und dem er schon bald den preußischen Baumeister Gottfried Schädel (um 1680–1752) an die Seite stellte.

Oranienbaum, zu deutsch ›Orangenbaum‹, stand im winterlichen Rußland für alles, was Seltenheitswert besaß, als äußerst luxuriös galt, kurz für alles, was sich nur die höchste Aristokratie leisten konnte. Der Grundriß war einfach: ein großer Mitteltrakt mit zwei geschwungenen Flügeln, die in etwas kleineren überkuppelten Pavillons endeten. Über dem Dach des Mittelbaus erhob sich eine gigantische Fürstenkrone, Zeugnis der Eitelkeit des Eigentümers und seiner großen Befriedigung, seiner einfachen Abstammung ein fürstliches Mäntelchen umhängen zu können.

Wie in Peterhof, ließ Menschikow einen Kanal zur Ostsee anlegen, nur einen viel größeren, der sogar von Kriegsschiffen befahren werden konnte. Das Innere des Palastes war mit spanischem Leder ausgeschlagen und glitzerte vor lauter Gold und Silber, Seide und Marmor. Der Abenteurer, der aus dem Nichts gekommen war, wollte für ein Alter im Überfluß vorsorgen, konnte sein Schicksal jedoch nicht vorhersehen. Nach Peters Tod fiel er in Ungnade; er selbst wurde in ein weit entferntes, elendes Exil verbannt und sein ganzer Besitz, allem voran Oranienbaum, eingezogen.

Später schenkte Zarin Elisabeth den Palast ihrem Neffen und Nachfolger, Peter, und seiner jungen Braut, Katharina. Mit ihnen betrat Antonio Rinaldi die Szene, ein italienischer Architekt, der sich in seinem Vaterland bereits einen Namen gemacht hatte, als er im Alter von dreiundvierzig Jahren nach Rußland eingeladen wurde. Trotz seiner phänomenalen Dummheit erkannte Großfürst Peter Rinaldis Qualitäten und beauftragte ihn mit dem Bau einer kleinen Residenz im Park, einem sehr einfachen Wohnhaus von bescheidener Größe in der Tradition Peters des Großen. Und nun zeigte der Großfürst eine weitere unerwartete Leidenschaft: Er legte in seiner Residenz eine Gemäldesammlung an, deren Bilder nach damaliger Mode dicht nebeneinander hingen. Von Rinaldis Werk angetan, vertraute er ihm nun auch das Projekt an, das ihm am meisten am Herzen lag: den Bau einer Miniaturfestung, von der heute lediglich das Eingangstor erhalten ist. Früher besaß sie Exerzierplätze, Wälle, Gräben, Fallgatter und schien für Kinderspiele entworfen. Das Kind aber war der Großfürst selbst, der künftige Zar Peter III., über den seine Gemahlin Katharina schrieb, er habe, kaum in Oranienbaum angekommen, sein ganzes Gefolge, die Kammerherren, Kämmerer, Fürst Repnins Adjutanten, sogar seinen Sohn, die Dienerschaft, die Jäger und die Gärtner herumkommandiert. Jeder mußte eine Muskete schultern und Tag für Tag exerzieren und Wache stehen. Der Korridor diente als Wachstube, wo sie sich tagsüber aufhielten. Die Reiter nahmen die Mahlzeiten im Obergeschoß ein und kamen abends in ihren Gamaschen in den Saal zum Tanz. An

Oranienbaum, eine Ecke des von Antonio Rinaldi entworfenen Rutschberg-Pavillons (Katalnaja Gorka), die das komplizierte Arrangement aus Treppen und Balustraden zeigt.

ORANIENBAUM

Damen gab es nur Katharina selbst, Frau Tschoglokow, Fürstin Repnina, drei Hofdamen und die Zofen. Natürlich war der »Ball« schlecht besucht und noch schlechter organisiert. Die Männer waren müde vom ewigen militärischen Drill, der ganz sicher nicht nach dem Geschmack der Höflinge war, und in übelster Laune. Nach dem Ball durften sie endlich zu Bett gehen. Alle hatten das langweilige Leben in Oranienbaum satt, auch die fünf oder sechs Frauen, die die ganze Zeit auf ihre eigene Gesellschaft angewiesen waren, während die Männer den ganzen Tag gegen ihren Willen exerzieren mußten.

Seine Höflinge und Gärtner paradieren zu lassen, genügte Peter nicht, und so verbrachte er den Rest des Tages damit, Hunderte von Zinnsoldaten herumzukommandieren, die er auf riesigen, den ganzen Raum ausfüllenden Tischen aufgestellt hatte. Eines Tages überraschte ihn Katharina dabei, wie er eine Ratte zum Tode verurteilte, weil sie sein Spielzeug angeknabbert hatte. Der Missetäter wurde aufgehängt und sein Leichnam zur Abschreckung für seine Artgenossen drei Tage lang hängen gelassen.

Wenn der Großfürst seine Bediensteten nicht herumjagte, malträtierte er seine Violine. Zwar kannte er laut Katharina keine einzige Note, besaß aber ein gutes Gehör. Die Schönheit der Musik lag für ihn in der Kraft und in der Vehemenz, mit der er spielte. Die Stimmung am Hof hob dieser Ansturm auf die Ohren nach einem anstrengenden Tag freilich nicht gerade.

Angewidert vom mangelhaften Eifer seiner Umgebung, hatte Großfürst Peter den glänzenden Einfall, Soldaten aus Holstein, seiner Heimat, zu importieren. Zu ihrem Empfang legte er ihre Uniform an. Für die Russen aber war allein schon der Anblick dieser Teutonen zu viel. Man munkelte, es seien samt und sonders Spione im Solde des Preußenkönigs, Rußlands schlimmsten Feinds, und die Wachen weigerten sich, ihnen zu dienen. Doch solche Kleinigkeiten kümmerten Peter wenig: Er schwamm in Glück, diese menschlichen Maschinen von früh bis spät drillen, mit ihnen in seiner Muttersprache reden und sich mit ihnen zusammen betrinken zu können, und bald verbrachte er seine ganze Zeit mit ihnen. Auch Katharina versuchte, aus ihrer Zeit das Beste zu machen: Sie stand um drei Uhr morgens auf, legte Männerkleidung an und suchte einen alten Jäger auf, der sie bereits mit Gewehren erwartete und schon einen Fischerkahn ans Meer bestellt hatte. Die Gewehre geschultert, durchquerten sie den Garten gemeinsam zu Fuß,

Mythologische Figur vor dem Chinesischen Pavillon im Sommergarten. Insgesamt finden sich im Park über achtzig Statuen, die teils historische, teils allegorische und mythologische Gestalten verkörpern.

Oranienbaum, Farblithographie von C. Schultz, Paris, 19. Jahrhundert, Privatsammlung.

ORANIENBAUM

Der Pavillon Peters III., der erste Romanow-Auftrag für den italienischen Architekten Antonio Rinaldi. Die sechs Räume im Erdgeschoß waren für die Dienerschaft vorgesehen, die sechs Räume im Obergeschoß dienten dem Zaren als Zufluchtsort vor seiner Frau. Neben dem Pavillon stand einst eine heute zerstörte Miniaturkaserne, in der Peter seinem Lieblingszeitvertreib, dem Exerzieren, frönen konnte.

RECHTS: Oranienbaum, die seezugewandte Fassade. Palais des Fürsten Menschikow, eines Günstlings Peters des Großen, von Giovanni Fontana (tätig von 1703–1769) erbaut. Ein trotz seiner Größe leicht und beschwingt wirkender Bau mit breiten Galerien und halbkreisförmig angelegten, als Spazierweg dienenden Terrassen, die zu großen überkuppelten Pavillons führen.

LINKS: Oranienbaum, Fassade des Chinesischen Pavillons (so genannt nach den chinesischen Tapeten im Inneren) mit Dianastatue im Vordergrund. Im Auftrag Katharinas II. von Rinaldi erbaut. Bei aller Schlichtheit ein Meisterwerk, das barocke und klassizistische Elemente verbindet.

ORANIENBAUM

Wohl das originellste Bauwerk von Oranienbaum, vielleicht sogar von allen Palast-Pavillons. Mit seinen pyramidenförmigen Treppen, Säulen, Balustraden und Vasen ein interessantes Bauwerk.

Der Rutschberg-Pavillon (Katalnaja Gorka) von Antonio Rinaldi.

bestiegen, begleitet von einem Jagdhund, das Boot und ließen sich von einem Fischer in die Binsen hinausrudern, die sich beidseits des Oranienbaumer Kanals zwei Werst am Ufer entlang in die See erstreckten. Dort pflegte Katharina Enten zu schießen. Oft verließen sie auch den Kanal und trieben nicht selten eine ganze Zeit lang in ihrem kleinen Boot auf die offene See hinaus.

Außerdem nutzte die Großfürstin ihre Muße, um Madame de Sévigné und Voltaire zu lesen, aber auch, um sich in aller Stille auf die Zukunft vorzubereiten. Immer wieder sagte sie sich die Prophezeiungen des alten Gärtners Lamberti vor, der ihr bei der Anlage der Blumenbeete zur Hand ging. Er hatte schon Elisabeth, als sie noch die kleine Prinzessin im Hintergrund war, geweissagt, daß sie eines Tages Kaiserin werden würde. Eines Tages, flüsterte er nun Katharina ins Ohr, würde sie allein über Rußland herrschen, und nannte sogar den Zeitpunkt.

Viel später, als sie wirklich Herrin von Oranienbaum und Rußland war, ließ sie den schönsten aller Bauten im Park errichten. Weit hinter dem Palast, auf einer Anhöhe, lag der absichtlich im Naturzustand belassene ›Obere Park‹, in dem sich Wiesen zwischen Bäumen verbargen und Sturzbäche durch kleine Schluchten ergossen. Katharina mochte dieses Fleckchen Erde. Und da sie Urteilskraft besaß und Antonio Rinaldis (1709–94) Begabung erkannte, beauftragte sie ihn, obwohl sie den Lieblingsarchitekten ihres Mannes eigentlich hätte hassen müssen, mit dem Bau ihres Hauses, der ›Solitude‹ oder, wie es der damals so beliebten chinesischen Ausgestaltung wegen auch genannt wurde, des ›Chinesischen Palastes‹.

Die in China bestellten Tapeten warfen allerlei Probleme auf. Die Lieferung ließ ewig auf sich warten, die Chinesen bestanden auf Vorauszahlung, ein offizieller Krach schien unvermeidbar. Schließlich aber trafen die Rollen über Irkutsk doch an ihrem Bestimmungsort ein. Für die Innenausstattung holte Rinaldi Stefano Torelli und die Brüder Barozzi aus Bologna, wahre Künstler, die eine Schule für den russischen Nachwuchs gründeten und die wunderbarsten Stuckarbeiten schufen. Für die Kuppel im Großen Saal wurde bei Giambattista Tiepolo ein mythologisches Gemälde bestellt, das später gestohlen und ins Ausland verkauft wurde.

Der Chinesische Palast zählt zu den vollendetsten Meisterwerken, die es gibt. Das Äußere ist etwas düster, aber elegant und abwechslungsreich, das Innere nicht besonders prächtig oder reich ausgestattet; aber alles ist erlesen und exquisit: das Porzellan, die Stuckarbeiten, die Bronzen, die Vergoldung. Nichts ist überzogen, alles wie für einen Ort zum Träumen geschaffen. Katharina verbrachte jedoch von den vierunddreißig Jahren ihrer Regierung lediglich achtundvierzig Tage in diesem entzückenden Palast.

Auf gleicher Höhe mit dem großen Schloß erhebt sich am Ende einer breiten, langen Allee von alten Bäumen eine der sonderbarsten Schöpfungen der russischen Kunst: der weißblaue Rutschberg-Pavillon mit seinem ausgefallenen dreieckigen Grundriß, der an einen Hochzeitskuchen mit zu viel Sahne erinnert. Säulen, Terrassen, Treppen und Balkone steigen pyramidenförmig auf. Hier vergnügte sich der Hof bei Tee oder anderen Erfrischungen an den Wettkämpfen des ›Russischen Bergs‹, eines Nationalsports, der dem Bobrennen ähnlich ist, dessen Regeln für den Ausländer jedoch trotz wiederholter Lektüre etwas undurchsichtig bleiben.

Peter und Katharina kamen alljährlich nach Oranienbaum und blieben, so lange die Zarin bleiben wollte. Auch Katharina beklagte sich nicht über die Besuche, schon weil sie dadurch der Fuchtel der herrischen Tante entrinnen konnte. Peter kommandierte wie eh und je seine Holsteiner herum und Katharina las ihre subversiven Autoren, als Elisabeth Petrowna, Gönnerin und Hindernis gleichermaßen, im Dezember 1761 starb. Ein paar Monate später kehrte der Großfürst, nun Peter III., ohne seine Frau nach Oranienbaum zurück. Er war sehr zufrieden. Gleich nach der Thronbesteigung hatte er, weil Friedrich II. von Preußen sein großes Vorbild war, seine Truppen, die sich anschickten, den russischen Erbfeind Preußen zu vernichten, zurückgepfiffen. Stolz über die

ORANIENBAUM Umkehrung der Bündnispolitik, hatte er gerade einen Frieden geschlossen, der in der Öffentlichkeit wenig Anklang fand.

Außerdem hoffte er, nun einen weiteren Traum, die Scheidung von Katharina, verwirklichen zu können, die ihm zu stolz und unverschämt war, um Elisabeth Woronstowa zu ehelichen, eine häßliche, unangenehme, dumme und tölpelhafte Person mit dem Aussehen, den Manieren und dem Geist eines Dienstmädchens, in die er wahnsinnig verliebt war. Von nun an brauchte er sich keine Zurückhaltung mehr aufzuerlegen. Er konnte Katharina unter Druck setzen, sie in der Öffentlichkeit lächerlich machen. Siebzehn Jahre lang hatte er sie ertragen, das war genug. Nun konnte er sich rächen. Die Brüder Orlow, Grigorowitsch und Alexei, Katharinas treue Anhänger, deren Treiben mehr als suspekt war, wurden ständig überwacht. Der Major, der im Rausch von einer Verschwörung gesprochen hatte, war verhaftet worden. Das Verhör am nächsten Tag hatte vernichtende Beweise gegen Katharina erbracht, die Peter erlaubten, seine Frau zu verstoßen.

In dieser Nacht schlief Peter, unter der weißen satinbezogenen Eiderdaunendecke in dem riesigen, mit roten und weißen Federn bekrönten Himmelbett hinter den silbernen und rosafarbenen Brokatvorhängen eng an seine Geliebte geschmiegt, tiefer denn je. Am nächsten Morgen beschloß er, sich zum nahegelegenen Schloß Peterhof zu begeben, um zu sehen, was seine Frau machte. Als die Kutsche vor dem Palast seines Großvaters anlangte, empfing ihn tiefste Stille. Kein Laut war zu hören, kein Mensch zu sehen, weder seine Frau, noch ein Höfling, noch Diener. Es war eine unheimliche, gespenstische Stille. Verwirrt und leicht verängstigt kehrte Peter nach Oranienbaum zurück. Dort fand er einen Kurier vor, dem es geglückt war, aus der Hauptstadt zu entkommen. Von diesem erfuhr er, wie recht er daran getan hatte, den Orlows zu mißtrauen. In der vergangenen Nacht war Alexei mit einem anderen Offizier nach Peterhof gekommen, um Katharina nach Sankt Petersburg mitzunehmen. Da sie aber nur eine Kutsche hatten auftreiben können, drohte das ganze Unternehmen an den erschöpften, schweißtriefenden Pferden zu scheitern. Doch Alexei, nie um einen Ausweg verlegen, hatte eine vorbeifahrende Kutsche angehalten, einfach die Pferde ausgespannt und den furiosen Galopp so mit frischen Kräften fortgesetzt. Bei Sonnenaufgang waren Katharina und ihre Komplizen in der Hauptstadt eingetroffen, zu den Kasernen des Ismailowschen Regiments geeilt, wo Katharina die zusammengetrommelten Soldaten in einer Ansprache ermahnte, den Thron vor diesen schrecklichen Ausländern zu retten. Von einer tobenden Menge umringt, bahnte sich ihre Kutsche mühsam durch immer neu hinzuströmende Regimenter einen Weg zum Palast. Dort trat Katharina in einer russischen Uniform auf einem Schimmel den Truppen mutig gegenüber. Ein gewaltiger Freudenschrei aus Tausenden von Kehlen begrüßte sie. Die Soldaten rissen sich die ihnen von Peter III. aufgezwungenen Uniformen vom Leib und folgten ihr nach Oranienbaum. Von der Dunkelheit überrascht, mußte sie die Nacht, umgeben von den Lagerfeuern ihrer Anhänger, in einem schmutzigen Wirtshaus auf einer eilends herbeigeschafften Matratze verbringen.

Die Lage Peters III. war nicht gänzlich hoffnungslos. Seine geliebten Holsteiner Truppen erhielten Order, Widerstand zu leisten, während er zur uneinnehmbaren Festung Kronstadt auf der kleinen Insel gegenüber von Oranienbaum übersetzte, von wo ihn niemand würde vertreiben können. Doch als er vor dem Tor auf den Anruf einer Wache von einer Bastion herunter: »Wer da?« antwortete: »Der Kaiser«, erwiderte eine Stimme: »Wir haben keinen Kaiser. Wir haben die Kaiserin Katharina.« Ein paar Schüsse von den Wällen genügten, um Peter zu entmutigen. Obwohl es noch andere Möglichkeiten gegeben hätte, kapitulierte er und befahl, nach Oranienbaum zurückzukehren, wo er, gänzlich gebrochen und unfähig, auch nur den kleinsten Entschluß zu fassen, zurückblieb.

Als am nächsten Morgen Katharinas Geliebter, Grigorowitsch Orlow, an der Spitze einer Schwadron Husaren in Oranienbaum auftauchte, um sich ein Bild vom Verteidigungszustand des Palastes zu verschaffen, überbrachte ein Kurier Peters III. das Übergabeangebot. Daraufhin wurde Ismailow, der Katharina in bedingungsloser Loyalität ergeben war, abgesandt, um Peter III. die Abdankungsurkunde zu überreichen, die er nicht nur unterzeichnen, sondern eigenhändig abschreiben mußte. Peter bat darum, seinen Hund, seinen Neger, seine Geige und seine deutsche Bibel behalten zu dürfen. Dann wurde er zusammen mit seiner Geliebten in eine Kutsche gestoßen und durch die Spalier stehenden Soldaten gefahren, die jubelten: »Lang lebe Katharina!« Nach der Ankunft in Peterhof wurde er von seiner Geliebten getrennt, die schreiend von den Soldaten weggeschleppt wurde. Als Peter die Soldateska beschimpfte, kehrte sich ihre Wut gegen ihn. Sie zwangen ihn, sich zu entkleiden und ließen ihn als Zielscheibe ihrer Witze zehn Minuten barfuß, nur mit einem Hemd bekleidet, stehen, bis sie ihm schließlich einen alten Morgenrock zuwarfen. Während der abgesetzte Zar diese entsetzlichen De-

ORANIENBAUM

Oranienbaum, Chinesischer Pavillon, von Katharina II. in größtmöglicher Entfernung vom Pavillon ihres Mannes erbaut. Fassade des Mitteltrakts.

ORANIENBAUM mütigungen über sich ergehen lassen mußte, wurde seine Frau in Sankt Petersburg zu Katharina II., die bald den Beinamen »die Große« erhalten sollte, gekürt.

Der von Zarin Elisabeth zu ihrem Nachfolger bestimmte Peter III. hatte nur rund ein halbes Jahr lang regiert, doch sein Schatten sollte Katharina die Große noch lange verfolgen: Nach Peters Ermordung im Jahr 1762 wird sich der Kosak Jemeljan Pugatschew als der auf wunderbare Weise aus der Haft errettete Zar ausgeben und 1773/75 an die Spitze eines großen Kosaken- und Bauernaufstands treten. Und eine mit polnischen Gegnern Katharinas konspirierende »Prinzessin Elisabeth« wird behaupten, sie selbst und Pugatschew seien Kinder aus einer heimlichen Ehe der Zarin Elisabeth mit ihrem Günstling Rasumowski – Vorgänge, die an der Legitimität von Katharinas Herrschaft rüttelten und sie zu drastischen Schritten zwangen.

Oranienbaum, Garten und See, im Hintergrund ein Eckpavillon des Schlosses.

Ropscha

Rund achtzehn Kilometer südlich von Peterhof liegt, von Hügeln und Wäldern eingeschlossen, der Palast von Ropscha, ein an den Maßstäben des kaiserlichen Rußland gemessen zwar eleganter, aber kleiner, einfacher, laut Katharina II. »zurückhaltender, jedoch bequemer« Bau, dessen Gärten, von hundertjährigen Bäumen eingefaßt, in sanften Terrassen zu einem großen See abfallen. Hierher ließ die Kaiserin Peter III. am Tag nach seiner Absetzung bringen und dem erstaunt aufhorchenden Russischen Reich und der ganzen Welt eine Woche später, am 7. Juli 1762, verkünden:

> Am siebten Tag nach Unserer Thronbesteigung erreichte Uns die Nachricht, daß der frühere Zar Peter III. wie schon des öfteren Opfer eines Hämorrhoidenanfalls geworden sei und über eine schreckliche Kolik klage. Im Bewußtsein Unserer Christenpflicht ordneten Wir sofort an, ihm die erforderliche ärztliche Hilfe zuteil werden zu lassen. Zu Unserem großen Bedauern jedoch erfuhren Wir letzte Nacht, daß es Gottes Wille war, seinem Leben ein Ende zu setzen.

Der britische Gesandte sprach in seinen Berichten von einem Unfall, der sächsische Minister, nachdem er die in großem Pomp aufgebahrte Leiche gesehen hatte, von einem Gesicht so schwarz wie Kohle – wohl um anzudeuten, daß Peter III., wie die umlaufenden Gerüchte mutmaßten, eines gewaltsamen Todes gestorben war. Alexei Orlow war, vermutlich mit seinem Bruder Grigorowitsch, nach Ropscha gekommen, um dem ehemaligen Zaren einen Trank zu reichen, in den ein starkes Gift gemischt war. Peter, ihre Absicht ahnend, hatte sich geweigert, zu trinken. Es war zum Kampf gekommen, und nach der wahrscheinlichsten Version war er dabei von seinen Mördern erdrosselt worden. Jedenfalls war Gewalt im Spiel gewesen, denn sehr bald darauf entdeckte ein Zeuge in dem Schicksalsraum einen von Peter im Kampf heruntergerissenen Vorhang. Für die Brüder Orlow verkörperte der ehemalige Zar als möglicher Sammelpunkt des Widerstands gegen ihre Gönnerin Katharina eine ständige potentielle Gefahr, die es zu beseitigen galt. Natürlich gab die ganze Welt Katharina II. die Schuld, und Voltaires Versuch, seine Freundin und Wohltäterin zu entschuldigen (schließlich, bemerkte er, sei es doch so schlimm nicht, den eigenen Ehemann *ad patres* zu schicken), löste allenthalben Entrüstung aus. Katharina selbst fiel, als Grigorowitsch Orlow beim Betreten ihres Zimmers verkündete: »Wir haben es getan«, in Ohnmacht und bekam schreckliche Krämpfe. Als sie schließlich das Bewußtsein wiedererlangte, rief sie in einem fort: »Um meinen Ruhm ist es getan; dieses ungewollte Verbrechen wird mir die Welt nie verzeihen.«

Diese traurige Erinnerung hinderte die Schwester des letzten Zaren, die Großfürstin Xenia Alexandrowna, nicht, die Hochzeitsnacht in Ropscha zu verbringen. Allerdings war der Palast in der Zwischenzeit beträchtlich verändert und dem klassizistischen Geschmack angepaßt worden. Ihre Ehe jedoch sollte unglücklich in einer schmerzlichen Trennung enden.

Ropscha, bis zur Revolution von Mitgliedern der Zarenfamilie bewohnt. Heute ist der Palast bis auf die Fassaden großenteils eingestürzt, der Garten verwildert.

Marmorpalais

Katharina zeigte sich gern großzügig und dankbar. So auch ihrem Günstling Grigorowitsch Orlow gegenüber, der sie auf den Thron gebracht und von ihrem lästigen Gatten befreit hatte. Zum Dank dafür ließ sie ihm von Antonio Rinaldi an einem der schönsten Orte der Stadt unweit des Winterpalastes den schönsten Palast von ganz Petersburg errichten. Als Rinaldi 1768 mit dem Bau begann, hatte er mit dem Rokokostil, so brillant er ihn in seiner späten Phase beim Chinesischen Pavillon in Oranienbaum gehandhabt hatte, abgeschlossen und sich dem strengen, puristischen Frühklassizismus mit den für ihn so typischen Säulen zugewandt. Während alle Petersburger Häuser, einschließlich der kaiserlichen Paläste, verputzte Backsteinbauten waren, ließ die Kaiserin – ein weiterer Beweis für ihre Großzügigkeit – das Palais ihres Liebhabers in Marmor ausführen. Kurz zuvor waren nämlich im Ural Marmorvorkommen entdeckt worden.
Die edle Einfachheit des Äußeren bildet einen angenehmen Kontrast zur Prachtentfaltung im Inneren. Von der ursprünglichen Ausstattung des Marmorpalastes sind allerdings nur noch zwei Elemente erhalten: das monumentale, mit Statuen und Fresken geschmückte Treppenhaus und der am Ende eines Flügels gelegene sogenannte Marmorsaal, dessen Marmorverkleidung in den verschiedenen, fein aufeinander abgestimmten Farbtönen mit den erlesenen Basreliefs eine Symphonie von eisiger Schönheit ergibt. Katharina las ihrem Geliebten jeden Wunsch von den Augen ab. Sie duldete nicht nur, daß er die Füße auf den Tisch legte, sondern bediente ihn bei ihren intimen Soupers auch mit Vorliebe selbst. Dennoch begann sie seiner eines Tages überdrüssig zu werden, was Grigorowitsch, als er es spürte, zu generösen Geschenken anfeuerte. Ihre Großzügigkeit erwidernd, schenkte er ihr das teuerste Schmuckstück der Zeit, einen unvergleichlich wertvollen Diamanten, der angeblich einst das Auge eines indischen Buddhastandbilds gewesen und von einem blasphemischen Dieb gestohlen worden sein soll. Aber obwohl Katharina den sogenannten Orlow-Diamanten annahm (auch wenn sie ihn nie trug, sondern in das kaiserliche Szepter einarbeiten ließ, wo er heute noch erstrahlt), kehrte sie zu ihrem Liebhaber, der vereinsamt und fast von Sinnen starb, doch nicht zurück.
Das Marmorpalais wurde von seinen Erben wieder an Katharina verkauft. Später diente es Stanislaus Poniatowski als Wohnsitz, einem anderen Geliebten der Kaiserin, der von ihr zum König von Polen gemacht, aber auch wieder entmachtet worden war. Um die Mitte des 19. Jahrhunderts wurde der fast zur Ruine zerfallene Palast vom Großfürsten Konstantin Nikolajewitsch im Geschmack der Zeit restauriert und neu eingerichtet. Nach der Revolution diente er als Lenin-Museum, auch wenn sich die Erinnerungsstücke an diesen großen Mann in der so ganz und gar unpassenden Umgebung reichlich sonderbar ausnahmen.

Marmorpalais, der Marmorsaal, eine wahre Farbsymphonie in
Marmor, der damals gerade im Ural entdeckt worden war.
Auf den Stuckfeldern sind mythologische Figuren dargestellt.

Das Marmorpalais, Farblithographie aus dem 19. Jahrhundert von J. Charlemagne.

Blick vom gegenüberliegenden Newa-Ufer aus auf das Marmorpalais, das Katharina II. für ihren Geliebten, Grigorowitsch Orlow, von Antonio Rinaldi (von 1768 bis 1785 in Rußland tätig) erbauen ließ. Der letzte Besitzer aus der Zarenfamilie war der Dichter und Dramatiker Großfürst Konstantin Konstantinowitsch.

Tschesme

Trotz des gewalttätigen Anfangs zählt Katharinas Herrschaft zu den ruhmreichsten in der russischen Geschichte. Die kleine deutsche Fürstin regierte das Riesenreich mit Prunk, Autorität und einem unbarmherzigen, aber vielleicht notwendigen Absolutismus, hinter dem sich ein durchaus offener Geist verbarg. Sie stand im Briefwechsel mit Philosophen, ließ aber trotzdem einen möglichen Rivalen, den jungen Zaren Iwan VI., ermorden. Sie förderte den Fortschritt in Rußland mit allen Mitteln, unterdrückte aber Pugatschews Revolte, der behauptete, der dem Tod entronnene Peter III. zu sein. Und sie war auf allen Ebenen siegreich, im Kampf auf Leben und Tod zwischen dem Russischen und dem Osmanischen Reich entwickelte sie sich sogar zum Eroberer. Geschickt nutzte sie den Niedergang des ehemaligen Großreichs, um ihm ein Reich ums andere zu entreißen. Die Kriege endeten unfehlbar mit russischen Siegen. Als Alexei Orlow, der Bruder ihres Geliebten Grigorowitsch, 1780 die türkische Flotte bei Tschesme vor der anatolischen Küste vernichtete, beschloß sie, dieser Tat ein Denkmal zu setzen. Damals machte der Hof bei seinen Umzügen an verschiedenen Orten Station. Diese Rastplätze wurden immer komfortabler und geräumiger eingerichtet, vor allem an den am häufigsten benutzten Routen. Am wichtigsten, da an der ständig benutzten Straße zwischen dem Winterpalast und Zarskoje Selo gelegen, war die Etappe im sogenannten »Froschsumpf« (wie die Übersetzung der wenig ansprechenden finnischen Ortsbezeichnung lautete), die Katharina zu einem Palast ausbauen ließ und in ›Tschesme‹ umbenannte.

Der Palast wurde zwischen 1774 und 1780 errichtet. Sein Erbauer, Juri Velten (1730 bis 1801), ist einer der erstaunlichsten Architekten der außergewöhnlichen Schar von Baumeistern, die Rußland mit einer so großen Anzahl bemerkenswerter Baudenkmäler überzogen. Dieser Russe mit dem deutschen Namen hatte in Deutschland studiert und fungierte als Direktor der neugeschaffenen Kunstakademie. Wichtiger aber noch ist, daß er die ungestümen Wasser der Newa, die Sankt Petersburg regelmäßig überschwemmten, durch granitene Kais eindämmte, die die Stadt bis heute vor möglichen Katastrophen bewahrten. Ebenso einfallsreich wie begabt, erfand er, fünfzig Jahre bevor die Neugotik in England florierte, eine außergewöhnliche Version dieses Stils mit orientalischem Einschlag. Als sein Meisterwerk gilt Tschesme, das architektonisch der Avantgarde angehört: Dank seiner perfekten Geometrie wirkt der dreieckige Bau mit einem Turm an jeder Ecke wie ein abstraktes Kunstwerk. Die Kirche, die Velten daneben über einem vierpaßförmigen Grundriß errichtete, ist einzigartig. Erstaunlicherweise ist sie im Gegensatz zum Palais vollständig erhalten geblieben, ein Juwel in einer trostlosen Vorstadt aus häßlichen, deprimierenden Mietskasernen.

TSCHESME

Tschesme-Kirche. Details des von Juri Velten im 18. Jahrhundert über einem vierpaßförmigen Grundriß errichteten frühneugotischen Baus.

LINKS: *Die weißen Stuckstreifen auf den vorgewölbten roten Außenmauern.*

Taurisches Palais

Noch ein anderer Grigorowitsch sollte im Liebesleben Katharinas eine große Rolle spielen. Grigorowitsch Potemkin war in der Umgebung von Smolensk in Armut geboren worden. Bald schon aber zeichnete er sich durch Kühnheit und Mut aus. Von imposanter Größe und Haltung, zog der Glücksritter die Aufmerksamkeit der Zarin auf sich, obwohl ihm alle Voraussetzungen für einen im klassischen Sinn schönen Mann fehlten. Doch Grigorowitsch Potemkin war mehr als schön; er war eine dominante Erscheinung, ein Mann, wie ihn sich Katharina II. vielleicht ihr Leben lang gewünscht haben mochte. Sie selbst wurde zu diesem Zeitpunkt bereits von ganz Europa bewundert und von ihren Untertanen im ganzen Reich verehrt. Diesem Mann konnte sie nicht widerstehen – übergroß wie er war, auf einem Auge blind, häßlich, von feurigem Temperament, unbezähmbarem Mut, einem unüberwindlichen Stolz und von erschreckender Brutalität. Wer sich ihm in den Weg stellte, wurde vernichtet. Zusammen gaben sie eins der bemerkenswertesten Paare der Geschichte ab, wie sie in jedem Jahrhundert nur einmal auftreten. Und selbst nachdem ihre Leidenschaft erloschen war, blieben sie einander in Freundschaft, Komplizenschaft und durch ihren Ehrgeiz unverbrüchlich verbunden.

Stets nahm Potemkin in der Nähe des Palastes Quartier, und wenn er unangemeldet zwischen zwei Schlachten zurückkam, wurde er von Katharina mit großer Freude empfangen. Er pflegte morgens sehr spät aufzustehen und ungewaschen und ungekämmt, in einem mit Fettflecken übersäten seidenen Morgenrock, der seine haarige Brust freiließ, die nackten Füße in ein paar alte Pantoffel gesteckt, im Zimmer der Kaiserin zu erscheinen. Und Katharina, die sonst sehr auf Ordnung und Sauberkeit hielt, zeigte nie auch nur einen Anflug von Ärger. Im Gegenteil, sie stürzte ihm mit einem Freudenschrei entgegen, worauf sich die anwesenden Höflinge, einschließlich des augenblicklichen Liebhabers und Günstlings, diskret zurückzogen. Dann entspann sich zwischen den beiden eine Unterhaltung, die sich über Stunden hinzog. Aus dem angrenzenden Raum konnten die Höflinge hören, wie der Soldat die Kaiserin regelrecht abkanzelte, ohne daß sie ihm je seine Grobheiten verübelt hätte.

Nichts ist bezeichnender für ihr Verhältnis als der berühmte, als Anekdote erhaltene Besuch der Kaiserin auf der Insel Krim, die Potemkin gerade den Türken abgenommen hatte. Auf seine Einladung hin trat Katharina die Reise in vollem Ornat mit großem Gefolge an. Unter den Augen ganz Europas setzte sich der Zug zu den Klängen von Geigen, immer wieder unterbrochen von Kanonenschüssen, in Bewegung. Langsam glitten die goldenen Schiffe zwischen den »Potemkinschen« Dörfern und den Bauernspalieren, die die Zarin als »Semiramis des Nordens« bejubelten, flußabwärts. Der Vergleich mit der berühmten Königin des Altertums bedeutete ein Kompliment für

Zwei der sechzehn großen ionischen Säulen und Detail des Deckenschmucks aus dem Kuppelsaal.

TAURISCHES PALAIS

Taurisches Palais, Fassade. In den achtziger Jahren von Katharina II. für Potemkin, einen ihrer bedeutendsten Staatsmänner und Feldherrn, erbaut. Der Entwurf von Wassili Stassow sollte für den russischen Klassizismus Modellcharakter erhalten. Das Palais ist einfach, aber nicht streng, eingeschossig, aber mit zwei Reihen von Fenstern versehen. Es hat einen Portikus mit sechs Säulen, zwei Flügel und eine Kuppel, die das Ganze noch leichter erscheinen läßt, und alles ist in vorzüglichen Proportionen gehalten.

Katharinas Weisheit und Schönheit. In der Tat war diese Reise die Apotheose ihrer Herrschaft und der Höhepunkt ihrer Liebe. Um dem Feldherrn zu danken, führte sie den alten mythologischen Namen der Krim, Taurien, wieder ein und machte Potemkin zum Fürsten von Taurien. Diesen Namen gab sie auch dem Palast, den sie für ihn zu bauen beschloß.

Als Standort wählte sie eine in letzter Zeit etwas in Vergessenheit geratene Gegend von Sankt Petersburg, unweit vom großen Smolny-Kloster, wo Kasernen und Ödland miteinander abwechselten. Mit dem Bau betraute sie einen Neuankömmling, Wassili Stassow (1769–1848), einen russischen Architekten, der als einer der ersten die Szene betrat und zu den ersten Absolventen der von Elisabeth gegründeten Kunstakademie zählte. Er erfand von Baubeginn an (Bauzeit 1783–1789) einen klassizistischen Stil, den man auch als russischen Stil bezeichnen könnte, da er im 19. Jahrhundert im ganzen Russischen Reich eine Blütezeit erlebte und heute noch durch zahllose Beispiele vertreten ist. Charakteristisch sind schlichte, keineswegs strenge Fassaden mit Portiken und Kolonnaden, eine Kuppel über dem Mitteltrakt und der Verzicht auf jede Dekoration. Die Wirkung wird ausschließlich durch die wunderbar ausgewogenen Proportionen der einzelnen Elemente und Baukörper erzielt. Das Äußere ist im beliebten hellen Gelb gehalten. Die Innendekoration in den großen Empfangsräumen zeugt, soweit sie erhalten ist, von Potemkins Größe, aber auch von seiner soldatischen Einfachheit. Trophäen, Standbilder von Helden und Stiche sind der einzige Schmuck dieser riesigen, von wuchtigen Säulen eingefaßten Räume.

Das war der Rahmen, in dem Potemkin 1791 sein unvergeßliches Neujahrsfest veranstaltete, um der Kaiserin für all ihr Wohlwollen und ihre Güte einen würdigen Dank abzustatten – ein Fest, das bei den Gästen eine lebhafte Erinnerung hinterließ. Vom Vestibül aus betrat man einen zweiten Empfangsraum von gewaltigen Ausmaßen, der nur durch eine Doppelreihe von Säulen vom Hauptsaal, einer Art weiträumigem Tempel, getrennt war. Abgesehen von den halbkreisförmig angeordneten Vasen aus Carrara-Marmor an den beiden Schmalseiten des Saals war hier auf Möblierung oder Dekoration verzichtet worden. Wiederum nur durch eine Kolonnade getrennt, folgte der Wintergarten mit Pflanzen und Bäumen aus aller Welt. Überall waren antike Statuen verteilt. Ein Obelisk gab die Wunder von Kunst und Natur in tausendfältigen Farbschattierungen wieder. Am anderen Ende wurden sie von einer eisüberzogenen Höhle tausendfach reflektiert. Durch die Fenster sah man den verschneiten Park, in dessen Mitte sich die Statue seiner Wohltäterin, der Kaiserin, aus parischem Marmor erhob.

Die Galaveranstaltung war gleichzeitig Potemkins Abschiedsgesellschaft. Er wußte, daß er nicht mehr lange zu leben hatte und wollte, von dieser heimlichen Vorahnung getrieben, die Welt ein letztes Mal in Erstaunen versetzen und sich ein letztes Mal amüsieren. Schon Monate im voraus gab es in der Stadt keinen anderen Gesprächsstoff mehr, und als der Abend endlich gekommen war, konnten die Glücklichen, die eine Einladung erhalten hatten, es kaum erwarten, bis es sechs Uhr schlug und der Maskenball begann. Kaum war die Kaiserin eingetroffen, intonierte ein dreihundertköpfiges Orchester eine rauschende Musik. Gefolgt von der Menge, betrat Katharina den Hauptsaal, wo sie »auf einem etwas erhöhten Platz, der mit Schriftbändern verziert war«, ihren Sitz einnahm. Achtundvierzig junge Männer und Frauen aus der besten Gesellschaft, darunter auch ihre Enkelkinder Alexander und Konstantin, eröffneten, ganz in Weiß gekleidet und mit Edelsteinen bedeckt, eine Quadrille. Danach begab man sich in einen anderen Raum mit kostbar gewirkten Gobelins, in dessen Mitte ein mit Smaragden und Rubinen bedeckter Elefant von einem prächtig gekleideten Perser geritten wurde. Auf ein Zeichen hin hob sich ein Vorhang und enthüllte eine prächtig dekorierte Bühne, auf der zwei Ballette im neuen Stil und anschließend eine äußerst lustige Komödie aufgeführt wurden. Danach traten in

Taurisches Palais

asiatischer Prachtentfaltung Chöre und Tänzer in den verschiedenen Kostümen der von Katharina der Großen beherrschten Völker auf. Bald fluteten die Gäste durch alle Räume, der ganze Palast schien in Flammen zu stehen, und selbst der Park glitzerte wie mit funkelnden Steinen übersät, und zahllose Spiegel, Pyramiden und Kristallkugeln spiegelten das magische Schauspiel wider.

Sechshundert Gästen wurde ein Mahl am Tisch serviert, die übrigen aßen im Stehen. Die Teller waren aus Gold und Silber, getrunken wurde aus antiken Kelchen. Würdenträger und Dienstpersonal waren in goldbestickte Uniformen gekleidet. Mit offensichtlichem Bedauern ging die Kaiserin um Mitternacht. Mehrere Chöre stimmten eine Hymne an, und gerührt wandte sie sich an Potemkin, um ihm ihre Freude auszudrücken. Überwältigt warf er sich ihr zu Füßen, nahm ihre Hand und überschüttete sie mit seinen Tränen.

Nach Potemkins Tod hatte das Taurische Palais viele Schicksalsschläge zu erdulden: Paul I. ließ es aus Haß auf seine Mutter vollständig ausräumen, und die Restaurationen, die der Palast im 19. Jahrhundert mehrfach über sich ergehen lassen mußte, erwiesen sich letztlich als nicht minder zerstörerisch. Zu Beginn des 20. Jahrhunderts schließlich zog die Duma, ein letzter Liberalisierungsversuch Zar Nikolaus' II., in den Wintergarten ein. Doch all diese Entstellungen konnten den Geist des bewundernswerten Potemkin, der noch immer durch die Räume seines triumphalen Palastes weht, bis heute nicht vertreiben.

LINKS OBEN: *Der Kuppelsaal mit Rotunde, ist de facto das zweite Vestibül des Taurischen Palais. Säulen, Orchestergalerie, Herkulesdarstellungen und riesige Kronleuchter aus vergoldeter Bronze mit den Doppeladlern des Zaren verleihen dem Raum ein militärisches Aussehen.*

LINKS UNTEN: *Der Wintergarten, ein reizendes Gewächshaus aus dem 18. Jahrhundert, in dem einst zwischen Kristallsäulen und Obelisken die seltensten Pflanzen gediehen. Später zog die Duma hier ein, die den Zaren zu Beginn der Revolution von 1917 in diesem Raum stürzte.*

Zarskoje Selo

Der Name des Palastes von Zarskoje Selo, ›Zarendorf‹, ist unauflöslich mit dem Katharinas der Großen verknüpft, auch wenn der Bau selbst nicht auf sie, sondern auf Katharina I. zurückgeht. Anfang des 18. Jahrhunderts hatte sie sich, um sich die häufige Abwesenheit ihres Gatten erträglicher zu machen, einen angenehmen Ort mit etwas Wald ausgesucht und einen der Peterhof-Architekten, I. F. Braunstein, mit der Errichtung eines Sommerhauses beauftragt. Gelegentlich kam auch Peter I. hierher, meist jedoch zog ihn seine Liebe zum Meer nach Peterhof. Nach Katharinas Tod ging das Haus an ihre Tochter über, die künftige Zarin Elisabeth, die damals noch ein junges Mädchen war und den Bau nach ihrer geliebten Mutter benannte. Endlich auf dem Thron, versammelte Elisabeth einen ganzen Schwarm begabter Leute um sich, um Zarskoje Selo nach einem Entwurf des damals noch unbekannten Wassili Stassow im Stil Bartolomeo Rastrellis ausbauen zu lassen. Rastrelli selbst wurden die Innenausstattung und die Pavillons im Park, die Eremitage, die Grotte und Monbijou, übertragen. Mit dem Bau der Kirche, die in den Palast einbezogen werden sollte, beauftragte Elisabeth, die sehr religiös war und die Arbeiten sorgsam überwachte, damit auch alles den Erfordernissen der striktesten Orthodoxie entspreche, einen dritten Architekten, S. Tschewakinski.

So verwandelte sich das ganze Gelände von Zarskoje Selo in einen Bauplatz. Soldaten und Arbeiter schleppten von früh bis spät Holz, Ziegel und Eisen. An allen Ecken und Enden standen besorgt dreinschauende Fremde herum. Kaum war ein Bau abgeschlossen, wurde schon der nächste in Angriff genommen. Und überall hatte Elisabeth ihre Hand im Spiel. Da wurde auf ihr Geheiß eine Kleinigkeit abgeschnitten, dort etwas hinzugefügt, dies gestreckt, das beendet; bald hatte die Zarin einen Einfall für links, bald einen anderen für rechts, bis sie eines Tages bemerkte, daß sie so nie zufrieden sein werde und es zweifelsohne das beste wäre, wieder ganz von vorne zu beginnen. Kurz entschlossen übertrug sie die Leitung ausschließlich Rastrelli, der mit Zarskoje Selo sein schönstes Werk schuf.

Als erstes stockte er das ganze Gebäude auf, um anschließend die Fassade äußerst kühn auf 900 Meter zu verlängern und zur längsten Fassade der Welt zu machen. Kein anderer Palast konnte sich mit solch imposanten Dimensionen brüsten. Um bei dieser Länge jedoch nicht den Eindruck von Monotonie aufkommen zu lassen, verzierte Rastrelli die Fassaden freizügig mit Säulen, Pilastern und Statuen und schloß das Kleinod, um seine Kostbarkeit noch mehr zu unterstreichen, durch ein ornamentales schmiedeeisernes Gitter ein. So wurde Zarskoje Selo zum prächtigsten Palast ganz Europas. Eine Vorstellung von der Pracht und Herrlichkeit des Hofes vermittelt heute noch der große Saal mit seinen unabsehbaren Fensterreihen und seiner funkelnden Vergoldung.

Detail der von Charles Cameron für Katharina II. erbauten Galerie, die ihr erlaubte, sich bei jedem Wetter am Anblick der Natur zu erfreuen: ein langer, auf beiden Seiten offener, im Mittelteil verglaster Gang, zu dem eine kunstvoll geschwungene doppelläufige, mit Bronzen verzierte Treppe hinaufführt.

ZARSKOJE SELO

VORHERGEHENDE
SEITE LINKS:
*Das Türkische Bad
(Detail), 1852 von Ippolito
Monighetti (1819–1878)
zur Erinnerung an den
Russisch-Türkischen Krieg
von 1828–29 erbaut.
Hier hat sich ein Matrose
mit einem Buch vor
dem romantischen Bau
ausgestreckt.*

VORHERGEHENDE
SEITE RECHTS:
*Detail der Marmorbrücke,
einer exakten Kopie der
Brücke von Wilton House,
Wiltshire, die – ihrerseits
eine Palladio-Kopie – 1770
aus grauem sibirischem
Marmor erbaut wurde.
Im Hintergrund ist das
Türkische Bad zu
erkennen.*

Elisabeths Bernsteinzimmer wurde leider im Zweiten Weltkrieg zerstört. Auf seinen Reisen durch Preußen hatte Peter der Große die Bernsteinvertäfelung im Schloß Sanssouci mit solch unverhohlener Freude bewundert, daß Friedrich Wilhelm I. nicht umhin konnte, zu begreifen, was von ihm erwartet wurde, und sie seinem Gast zum Geschenk machte. Als Gegengabe erhielt der König fünfundfünfzig Gardisten von außergewöhnlicher Statur. Die Bernsteinpaneele wurden von Rastrelli nach Zarskoje Selo gebracht.

Während sich Elisabeth immer von ihrem Instinkt hatte leiten, ja nicht selten zu Exzessen hatte verleiten lassen, zeigte sich Katharina II., ihre würdevolle Nachfolgerin, viel berechnender. Sie funktionierte die unvorstellbare Pracht von Zarskoje Selo und den brillanten, riesigen Hof zur Bühne um, auf der sie ihre Größe und die des Reichs vorführen konnte. Hatte Elisabeth Zarskoje Selo als ihr Heim betrachtet, benutzte Katharina es als Theater. Hier empfing sie alle, die Rang und Namen in Europa hatten, und nach ihrer Heimkehr nicht genug von all den Herrlichkeiten zu berichten wußten. Persönlich dagegen liebte sie eher bescheidenere, behaglichere Verhältnisse. So beschloß sie, den von Elisabeth und Rastrelli geschaffenen Rahmen nicht anzutasten und für sich privat verschiedene, ihrer Art eher gemäße Appartements bauen zu lassen. Einen Baumeister ausfindig zu machen, der ihre Vorstellungen verstand, war aber schwer. Die Architekten zeigten ihr stets Modelle von riesigen Residenzen. Schließlich holte sie Architekten aus Italien, darunter Giacomo Quarenghi (1744–1817), den sie bei ihren vielen anderen Projekten einsetzte. »Das Bauen ist eine teuflische Sache; es verschlingt Geld, und je mehr man baut, desto mehr könnte man bauen. Es ist eine Krankheit wie die Trunksucht und auch eine Art von Gewohnheit«, schrieb sie, nachdem sie endlich das Talent gefunden hatte, das sie in Zarskoje Selo unsterblich machen sollte: Charles Cameron (1740–1812), einen planerisch sehr begabten Schotten, seiner Gesinnung nach Jakobit, ein Anhänger der Stuarts, mit einer Vorliebe für die Antike, die er eingehend studiert hatte. Im Gegensatz zur wunderbaren Klarheit seines Baustils jedoch blieb sein Lebensweg in mysteriöses Dunkel gehüllt.

Katharina räumte ungeniert ein, daß sie von Kunst nicht viel verstand. Von Etienne-Maurice Falconet (1716–91), dem Schöpfer des berühmten Reiterstandbilds Peters des Großen, um ihr Urteil befragt, antwortete sie unbekümmert, daß sie nicht einmal zeichnen könne. Auch bei Baufragen ließ sie sich von ihrem gesunden Menschenverstand und ihrer tiefen Neigung zur Einfachheit leiten. Sie beauftragte Cameron, am Nordende des Palastes bei der Kirche anstelle von Rastrellis Saal ein Appartement mit acht Räumen zu bauen, das sogenannte Erste Appartement. Alle weiteren Bauten konnten die Russen, mittlerweile durchaus imstande, es an handwerklicher Kunstfertigkeit mit den Westeuropäern aufzunehmen, selbst ausführen. Und so übertrug die kleine deutsche Prinzessin, die sich in ihrer neuen Heimat jetzt zu Hause fühlte, die Ausstattung ihrer Räume ausschließlich Russen. Die kostbaren Hölzer für die Böden kamen aus Rußland; das Geschirr aus russischen Glas- und Porzellanmanufakturen; die Stoffbehänge für die Wände aus russischen Seidenmanufakturen und die Bronzen und Metallmöbel aus russischen Bronzegießereien und den Stahlwerken von Tula. Die anderen Möbel wurden ebenfalls nicht etwa bei französischen und deutschen, sondern bei russischen Kunsttischlern in Auftrag gegeben, die das für Rußland so typische Holz, die karelische Birke, verarbeiteten.

Cameron baute für Katharina noch vier weitere Appartements, aber die Zeit und vor allem der Krieg haben sie schrecklich, wenn auch nicht irreparabel beschädigt. Erhalten

*Das Türkische Bad, am Rand eines künstlich angelegten
Sees, in Form einer Moschee mit einem anmutigen,
eleganten Minarett erbaut – Elemente,
die bei einem mehr auf seinen Zweck
zugeschnittenen Badehaus nicht zu finden wären.*

*Zarskoje Selo, der Ehrenhof mit dem
von Giuseppe Corodoni nach Entwürfen von
Bartolomeo Rastrelli gearbeiteten vergoldeten
schmiedeeisernen Torgitter.*

OBEN: *Zwei Ausschnitte von der
Fassade des Palastes.*

Zarskoje Selo, der Mittelteil der imposanten Fassade.

blieb nur das erste; doch das genügt, um das große Talent seines Architekten zu zeigen, der hier mit stilistischen Anspielungen auf Pompeji die ganze Anmut des 18. Jahrhunderts einzufangen verstand. Seit langem schon hatte sich Katharina ein *maison antique* gewünscht. 1784 verwirklichte Cameron ihren Traum südöstlich des Palastes mit dem fünften Appartement, Katharinas Lieblingsappartement, in dem sie auch ihr Schlafzimmer einrichtete. Diesem Bau fügte Cameron noch einen hängenden Garten an, den die Zarin durch eine Tür betreten konnte und der zur Cameron-Galerie und zum Achatpavillon führte. Dieser Pavillon, ein römisches Bad, war mit allen Reichtümern des Russischen Reiches ausgestattet: Jaspis, Achat, Porphyr, Lapislazuli, Malachit und Alabaster.

Die förmlichen Parkanlagen im französischen Stil, deren Zeit mit dem 18. Jahrhundert ohnehin zu Ende ging, waren nicht nach Katharinas Geschmack. In Zarskoje Selo sollte ein Englischer Garten entstehen, bei dessen Anlage John Bush die Unebenheiten des Terrains und die Höhenunterschiede nicht nur bestehen ließ, sondern geschickt ausnutzte, um den Blick in die Ferne über Wiesen und traumhafte Strauch- und Buschgruppen schweifen zu lassen und den riesigen Park so abwechslungsreich zu gestalten, daß den verschiedenen Teilen nur eins gemeinsam war: Poesie und Romantik. In Fortführung der von Zarin Elisabeth mit solchem Glanz eingeführten Pavillon-Manie wurde der Park außerdem mit Pavillons, Zierbauten und Denkmälern zur Erinnerung an denkwürdige Ereignisse übersät, von jedem Land und von jeder Mode für jeden Geschmack etwas. Da gab es ein chinesisches Dorf, eine holländische Meierei, eine Burg im Stil der englischen Gotik, einen griechischen Tempel, künstliche Ruinen, Grotten, Triumphbögen, eine Palladianische Brücke und türkische Bäder. Auf dem großen See schwammen chinesische Sampans, venezianische Gondeln, brasilianische Auslegerboote und ganze Flotten von Miniaturkriegsschiffen neben den großen vergoldeten und geschmückten Booten, auf denen sich die Kaiserin und ihr Hof auf dem Wasser erholten.

Am Ende eines Kanals erhebt sich heute noch ein entzückendes Beispiel für die Mode der Chinoiserien, der sogenannte Knarrende Pavillon, dessen stets knarrende Fußböden ein Zugeständnis an einen zeitgenössischen Scherz sind. Rostralsäulen und Obelisken erinnern an einen Sieg über die Türken oder an den Tod eines Schoßhasen.

GANZ OBEN: *Das Türkische Bad, links davon die Marmorbrücke.*

OBEN: *Der Chinesische Pavillon, in den achtziger Jahren von Ilja Nejelow erbaut. Die Böden sind aus so knarrendem Holz gefertigt, daß man unmöglich, ohne Lärm zu machen, herumlaufen kann – ein im 18. Jahrhundert beliebter Scherz.*

Die Marmorbrücke, ebenfalls ein Werk von Ilja Nejelow, überbrückt eine kleine Bucht des vom Wittolowskikanal gespeisten künstlichen Sees.

ZARSKOJE SELO

An einem Frühlingstag entdeckte die Kaiserin bei ihrem Morgenspaziergang mitten auf dem Rasen ein Veilchen, das erste in diesem Frühling, und noch kaum erblüht. Sie winkte eine Wache herbei und befahl dem Mann, aufzupassen, daß niemand das Blümlein pflücke. Natürlich vergaß sie die ganze Geschichte, und so konnte man über ein Jahrhundert später einen Posten ein Veilchen bewachen sehen, das längst nicht mehr existierte, denn in all der Zeit hatte niemand daran gedacht, den Befehl aufzuheben.

Katharina die Große hielt glänzend Hof. Sie kannte den Wert des äußeren Scheins und gab an Feiertagen gern prächtige Galaauftritte. Ordengeschmückt, eine kleine Diamantenkrone auf dem Haupt, betrat sie, gefolgt von der kaiserlichen Familie mit einem riesigen Gefolge, das ihr teils vorausschritt, teils nachfolgte, den Thronsaal. Alle – im Gegensatz zu anderen Höfen auch die Männer – waren mit Edelsteinen, Diamanten, Rubinen, Smaragden übersät, die bei jedem Schritt funkelten und die Fremden blenden sollten. Auf diese Weise empfing sie auch einmal eine Abordnung von Polen, die sich jedoch nicht beeindrucken lassen wollten und sich mit einer spöttisch abweisenden Miene vor ihr niederwarfen. Die Kaiserin trat auf sie zu, hob sie besorgt, aber mit Grandezza auf und ließ sie sich der Reihe nach vorstellen. Auf ein Knie niedergesunken, hörten sie ihr zu, während sie mit ihnen sprach und alle Anwesenden durch ihr blendendes Aussehen und ihre Ausstrahlung beeindruckte. Als sie die Deputierten nach einer Viertelstunde mit einem anmutigen Knicks entließ, erwiderten sie ihre Höflichkeit mit einer tiefen Verbeugung und erklärten einmütig: »Nein, sie ist keine Frau, sie ist eine Sirene, eine Zauberin, man kann ihr nicht widerstehen.«

Trotz allen Pomps aber zog Katharina in Wirklichkeit die intimen Abende im Freundeskreis vor, der sich überwiegend aus Russen, aber auch aus einigen wenigen namhaften Ausländern zusammensetzte. Für diese Gelegenheiten hatte sie eine Reihe berühmter Regeln aufgestellt, die in dieser Zeit striktester Etikette als Manifest einer wahren gesellschaftlichen Revolution gelten konnten. Ausgerechnet sie, die als Souverän dem Absolutismus zum Triumph verholfen hatte, strebte im Kreis derer, die sie bewunderten, Gleichheit, Freiheit und sogar eine Art von Brüderlichkeit an. Man plauderte und führte von der Zarin selbst verfaßte Stücke auf, die vielleicht keine besonderen literarischen Qualitäten besaßen, den Freunden jedoch großen Spaß bereiteten. Für diese Zusammenkünfte ließ Katharina im Winterpalast von Velten die erste Eremitage bauen, in der sie auch ihre wachsende Bildersammlung unterbrachte. Dann ließ sie von Quarenghi ein eigenes kleines Theater errichten. Doch in der Hauptstadt blieb ihr kaum Zeit für die Freunde, Zeit hatte sie nur in Zarskoje Selo, weshalb sie den Umzug im Frühjahr stets ungeduldig erwartete. Angeführt von sechs Kammerdienern, zwölf Husaren und zwölf Gardekosaken, gefolgt von Pagen und Stallmeistern, alle hoch zu Roß, brach die große, von zehn Pferden gezogene Karosse auf. Kaum hatte sich der Zug in Bewegung gesetzt, wurden hundert Kanonen abgefeuert, um die Abfahrt der Zarin anzukündigen, und das Volk strömte herbei, um einen Blick auf die beliebte Herrscherin werfen zu können.

Eine glaubwürdige Zeugin für den erlesenen Lebensstil in Zarskoje Selo ist Fürstin Golowin, auch wenn ihr ihre Jugend den inneren Zirkel um die Kaiserin, all die Feldmarschälle und Hofdamen, schon etwas alt und hinfällig erscheinen läßt. Ihre Karriere begann als Spielkameradin von Katharinas Enkeln, Konstantin und Alexander, dem ältesten und dem Liebling seiner Großmutter. Eines Tages, als die kleine Golowin mit ihm eine Polonaise tanzte, erklärte er, ihr etwas »Entsetzliches« zeigen zu wollen. Verlegen, aber neugierig, folgte ihm das kleine Mädchen durch die Gemächer. Im letzten Raum deutete Alexander auf eine antike Apollostatue, die vollkommen nackt in einer Ecke stand. Das fragliche »Entsetzliche« erwies sich als der Teil der Anatomie, der durch ein Feigenblatt hätte bedeckt sein sollen.

Allen Gerüchten über das schlechte Verhältnis von Mutter und Sohn zum Trotz trafen sich die Zarin und ihr Nachfolger, Großfürst Paul, zu dieser Zeit täglich morgens und abends und offensichtlich in gutem Einvernehmen. Katharina II. war sehr rücksichtsvoll

Der Weiße Pavillon, ein kleiner Bau mit nur einem Raum im Park von Zarskoje Selo bei der Konzerthalle. Dieses Detail zeigt eine der beiden Karyatiden, die den Eingang einrahmen.

ZARSKOJE SELO

und zuvorkommend. Wurde jemand von der Sonne geblendet, ließ sie sofort die Rollos herunterziehen. Einmal beim Kartenspiel, als Tschertkow, ein schlechter Spieler, der gewöhnlich mit von der Partie war, in einem Wutanfall, weil er dauernd verlor, der Kaiserin die Karten ins Gesicht warf, sagte sie nichts, sondern brach lediglich das Spiel ab. Kaum hatte sich Tschertkow wieder gefaßt, übermannte ihn die Verzweiflung. Nie wieder würde er zum engen Kreis seiner Gönnerin zugelassen werden. Mit dem Gefühl, alles sei zu Ende, blieb er am nächsten Tag in seiner Ecke stehen. Als ihn Katharina dort entdeckte, nahm sie ihn am Arm und drehte mit ihm eine Runde durch den Raum: »Aber schämen Sie sich denn gar nicht, zu glauben, ich würde Ihnen noch zürnen? Haben Sie denn vergessen, daß ein Streit gute Freunde nicht entzweien kann?« »Oh, Mutter«, antwortete er und bediente sich dieser familiären Form der Anrede, »wie kann ich je wieder das Wort an Sie richten, wie kann ich eine solche Güte erwidern? Am liebsten würde ich für Sie sterben.« »Diese familiäre Form der Anrede«, fügt Fürstin Golowin an, »ist im Russischen sehr emphatisch und bedeutet keineswegs, daß es der Sprechende am nötigen Respekt fehlen läßt.«

Morgens konnte man, so die junge Golowin, die Kaiserin auf einem grünen Ledersofa auf der Terrasse neben einem duftenden Blumenbeet sehen, wo sie schon im Morgengrauen an ihrem Arbeitstisch las und schrieb. Abends ließ sie Kreide, Feder und Papier bringen. Die Leute zeichneten, spielten Gesellschaftsspiele und unterhielten sich zwanglos. Oder sie machten einen Spaziergang und kehrten, wenn das Wetter schön und mild war, nur widerstrebend in den Palast zurück. Gern machte Katharina unter der Kolonnade halt, um den Sonnenuntergang zu bewundern, den Duft der Blumen einzuatmen und sich vom Windhauch umwehen zu lassen. Ihren Enkeln gestattete sie, Ausflüge in die Umgebung zu machen. Großfürst Alexander, der mittlerweile die hinreißende Elisabeth von Baden geehelicht hatte, nahm die kleine Fürstin nach Zarskoje Selo mit, um auf den Feldern Blumen zu pflücken und rare Pflanzen fürs Herbarium zu sammeln. Oder sie besuchten eines der erst seit kurzem bestehenden deutschen Dörfer, wo Walzer aus dem Rheinland getanzt und Omeletts mit Butter und Sahne serviert wurden.

Außerdem trieben sie auch Sport und sportliche Spiele, bildeten zum Beispiel zwei Parteien, angeführt von Großfürst Alexander unter einer rosafarbenen und von Großfürst Konstantin unter einer blauen Flagge mit in Silber aufgestickten Monogrammen. Fürstin Golowin war natürlich stets auf Alexanders Seite. Von einer Bank am Rande des Rasens aus schaute ihnen die Zarin zu. Ihre Blicke folgten ihrem Favoriten, dem letzten, der diesen Titel innehaben sollte, dem unmöglichen Platon Subow, der seinerseits kein Auge von seiner Angebeteten, Elisabeth, der Gemahlin des Großfürsten Alexander, lassen konnte. Diese glückliche Zeit blieb Fürstin Golowin unvergessen im Gedächtnis:

> Es war eine reichlich stürmische, aber auch eine sehr ausgelassene, fröhliche Zeit. Sie schien ganz dazu angetan, jene Illusionen aufkeimen zu lassen, denen sich die Jugend so gerne hingibt. Der imposante Hof, der Palast, die Gärten, die vom Duft der Blumen erfüllten Terrassen – alles löste ritterliche Phantasien aus und regte die Vorstellungskraft an. An einem besonders schönen Abend machte die Zarin nach dem Spaziergang auf der Rampe halt und wir ließen uns auf den großen Pflastersteinen der Randeinfassung nieder. Ihre Majestät plazierte mich zwischen sich und der Großfürstin, von der Subow den Blick nicht abwenden konnte. Plötzlich ertönte herrliche Musik. Ganz in der Nähe, unter Subows Fenster, spielte Dietz, ein bekannter Musiker, auf seiner *viola d'amore* zusammen mit einem Meister der *viola da braccio* und einem Cellisten ein Trio. Voll wehmütiger Sehnsucht klangen die wundersamen Klänge dieses Instruments der Liebe in der umgebenden Stille nach. Die Großfürstin war gerührt.

*Zarskoje Selo, Seefassade.
Ein Mozartkonzert am
oberen Badeteich.*

Zarskoje Selo

Ihre Jugend und Unschuld hinderten die Fürstin Golowin, zu sehen oder sehen zu wollen, daß Katharina die Große zwischen ihren Rosen und Hunden auch noch eine ungewöhnliche Reihe von Liebhabern hatte, von denen einer schöner war als der andere. Während sie ihre Gastspiele gaben, hatten sie sich strikt an die Regeln zu halten. Die Gemächer, in denen sie zu wohnen hatten, wurden ebenso für sie bestimmt wie die Pensionen und die Ehren, die für sie vorgesehen waren, bis hin zur Dauer der Liebesaffäre, an die sich für sie, wenn sich an ihrer Stelle ein anderer gefunden hatte, ein reiches Leben im Ruhestand anschloß.

Doch mit der Zeit stellten sich bei Katharina Altersbeschwerden ein. Sie litt an Gicht und Rheumatismus, und es fiel ihr immer schwerer, die Treppe, die Cameron am Ende der Galerie für sie gebaut hatte, hinunter- und vor allem hinaufzusteigen. Da leistete ihr der Schotte mit seinem letzten Beitrag zu Zarskoje Selo einer *pente douce*, d. h. einer Rampe, über die man den Garten vom ersten Stock des Appartements aus mühelos erreichen konnte, einen letzten Dienst. Mit sechsundsiebzig war Katharina noch immer schön und begehrenswert. Stets untadelig gekleidet und sorgfältig frisiert, und obwohl mit dem Alter dicker, ja korpulent geworden, blieb ihre Erscheinung immer geschmackvoll und anmutig.

Der Besuch des Königs von Schweden war eine Enttäuschung gewesen; er hatte sich geweigert, ihre Enkelin zur Frau zu nehmen. Außerdem hatten sie die Festlichkeiten ermüdet. Ihre Beine waren geschwollen, und Wunden brachen auf, die nicht heilen wollten. Sie war so stolz auf ihre kleinen Füße gewesen, die sie nun nicht mehr zeigen wollte. Trotzdem fühlte sie sich an diesem 4. November 1796 glücklich. Sie hatte Nachricht von den konterrevolutionären Truppen erhalten, und letztlich gab es nichts, was sie mehr haßte als die Französische Revolution. Von allem Anfang an war sie ein

Zarskoje Selo, Detail der von Giacomo Quarenghi für Katharina II. erbauten rein klassizistischen Konzerthalle.

unversöhnlicher Gegner dieser Bewegung gewesen, deren Auswirkungen sie ahnte. Leon Natitschkin, ihr langjähriger Oberstallmeister, der ihr oft als Spaßmacher diente, hatte sie so sehr zum Lachen gebracht, daß sie eine kleine Kolik bekommen und sich etwas früher als sonst zurückgezogen hatte. Am nächsten Tag erhob sie sich zur gewohnten Stunde und verlangte ihren Favoriten, Platon Subow, zu sehen, der über die Innentreppe eintrat. Nach ein paar Minuten jedoch schickte sie ihn ins Vorzimmer hinaus, um dort auf sie zu warten. Die Zeit verrann. Zachari Konstantinowitsch, ihr Kammerdiener, wunderte sich, daß sie ihn nicht rief. Und da kein Laut aus ihrem Zimmer drang, öffnete er mutig die Tür. Er fand Katharina II. zwischen den beiden Türen, die von ihrem Alkoven zum Nachtstuhl führten, bewußtlos auf dem Boden liegen.

Die Ärzte wurden gerufen. Chaos und Bestürzung brachen aus. War die Kaiserin tot? Nein, ihr Herz schlug noch, auch wenn sie sonst kein Lebenszeichen mehr von sich gab. Kuriere wurden nach Gatschina gesandt, um den Thronfolger, Großfürst Paul, der sich in seinem eigenen Palast aufhielt, zu benachrichtigen. Sechs oder sieben Kuriere trafen gleichzeitig dort ein, konnten ihn jedoch nicht finden, da er unterwegs war, um den Bau einer Mühle zu inspizieren. Als sie ihn endlich ausfindig gemacht und die Nachricht überbracht hatten, eilte er mit seiner Gemahlin sofort nach Zarskoje Selo, wo er abends gegen acht Uhr eintraf und ein einziges Durcheinander vorfand. Von den Ministern und Höflingen waren nur wenige anwesend; die meisten waren verschwunden, kein Mensch wußte, wohin. Paul und die kaiserliche Familie scharten sich um die Kaiserin, die bewußtlos und vollkommen still neben der Stelle, wo sie aufgefunden worden war, auf einer Matratze am Boden lag. Ihr Nachfolger, der seine Mutter nie geliebt hatte und von ihr auch stets schlecht behandelt worden war, behielt einen kühlen Kopf. Er erteilte Anweisungen, als gelte es, eine Theateraufführung vorzubereiten. Seine von Gatschina eintreffenden eigenen Höflinge waren außerstande, ihre Ungeduld zu verhehlen. Umgekehrt stand Katharinas Höflingen die Verzweiflung ins Gesicht geschrieben. Zahllose Kutschen und andere Equipagen aller Art versperrten die Auffahrt zum Palast. Alle warteten darauf, daß das Unausdenkliche eintrat. Gegen zehn Uhr abends schien Katharina zu sich zu kommen, begann aber gleich darauf so schrecklich zu röcheln, daß die junge Großfürstin hinausgeschickt werden mußte. Mit einem grauenhaften Schrei, der bis in die anstoßenden Gemächer zu hören war, verstarb die Kaiserin schließlich nach siebenunddreißig schrecklichen Stunden.

Pawlowsk

Das Verhältnis Katharinas II. zu ihrem einzigen Sohn Paul war nie sehr gut gewesen. Die Geburt ihres Enkels Alexander im Jahr 1777, der die Zukunft der Dynastie sicherte, veranlaßte sie jedoch zu einer großzügigen Geste. Sie machte Paul und seiner Frau Maria Fjodorowna südlich von Zarskoje Selo an dem kleinen Flüßchen Slawjanka ein rund 600 Hektar großes Waldstück zum Geschenk, auf dem sich nur zwei Jagdhütten, ›Krik‹ und ›Krak‹, befanden. Die Thronfolger beschlossen, sich vorerst mit zwei Holzhäusern, ›Paulslust‹ und ›Marienthal‹, zu begnügen. Als Architekten schlug Katharina, seit kurzem für den Stil von Charles Cameron eingenommen, den Schotten vor oder drängte ihn den beiden eher nach dem Motto auf, »wer zahlt, schafft an«. So großzügig sie ihre Liebhaber bedachte, so knauserig zeigte sie sich ihren Kindern gegenüber, die sich immer wieder gezwungen sahen, demütigende Bettelbriefe an sie zu richten.

Paul und Maria liebten Pawlowsk so sehr, daß ihnen ›Paulslust‹ und ›Marienthal‹ bald zu klein wurden. 1781 entschlossen sie sich, einen größeren, solideren Bau erstellen zu lassen, wagten aber nicht, sich an einen anderen Architekten als Cameron zu wenden, obwohl ihnen dessen Stil nicht gefiel. Als erstes ließ Maria Fjodorowna, die an alles dachte, für ihre schreckliche Schwiegermutter einen Tempel der Freundschaft bauen – eine zweifelsohne würdevolle, aber wohl kaum aufrichtig gemeinte Geste. Kaum hatten der Großfürst und seine Gemahlin die von Cameron vorgelegten Pläne für das neue Pawlowsk gutgeheißen, brachen sie zu einer langen Reise durch Westeuropa auf und überließen es der Zarin, die Arbeiten zu überwachen. Ihr freilich hätten sie kein größeres Vergnügen bereiten können, als so ihrer Bauleidenschaft zu frönen.

Cameron war Paul und Maria aufgezwungen worden, was den armen Baumeister teuer zu stehen kam. Die beiden bombardierten ihre Verwalter vom Ausland mit Briefen, in denen sie eine Änderung nach der anderen verlangten (an den Architekten selbst wagten sie sich nicht heran). Cameron, der alles bis zum unbedeutendsten Detail der Innenausstattung selbst bestimmen und entwerfen wollte, verlor die Nerven, zumal Paul und Maria bei ihren Einkaufsbummeln Tapeten, Mobiliar, Porzellan, Silber und Kronleuchter ohne Rücksicht auf die dafür vorgesehenen Räume erstanden. Auf dieser Reise schloß Maria Fjodorowna eine enge Freundschaft mit der von ihr seit langem sehr bewunderten Marie Antoinette, die ihr und ihrem Gemahl einen glänzenden Empfang am französischen Hof bereitete. Als sie bei einem Besuch der Porzellanmanufaktur von Sèvres angesichts eines Speiseservices von mehreren hundert Teilen in wahre Begeisterung geriet, wurde sie aufgefordert, einmal näher hinzuschauen und das Monogramm zu beachten: Es zeigte sich, daß es ihr eigenes war und die Königin von Frankreich dieses Geschenk eigens für ihre neue Freundin hatte anfertigen lassen.

Cameron, hin- und hergerissen zwischen Katharina und Maria Fjodorowna, zwischen

Profil der Eltern von Maria Fjodorowna, der Gemahlin Pauls I.
Detail eines kleinen Gedenk-Pavillons in den Gärten von Pawlowsk.

PAWLOWSK

Zarskoje Selo, wo er gebraucht wurde, und Pawlowsk, dessen Fertigstellung hinter dem Terminplan hinterherhinkte, war verzweifelt. Auch Maria Fjodorowna hatte bald nach ihrer Rückkehr nach Rußland einigen Anlaß zur Beunruhigung. In einer unvermuteten Aufwallung von Großzügigkeit hatte Katharina II. ihrem Sohn einen weiteren Palast geschenkt, Gatschina. Obwohl er ursprünglich für Grigorowitsch Orlow erbaut worden war, den Paul für den Mörder seines Vaters hielt und deshalb haßte, nahm er das Geschenk an. Und da der Palast der Inbegriff des militärischen Stils war, fand er so großes Gefallen daran, daß er ihn zu seinem Lieblingsaufenthaltsort machte. Sehr zum Verdruß von Maria Fjodorowna, die Pawlowsk bei weitem bevorzugte und um keinen Preis nach Gatschina übersiedeln wollte. Durch ihr ständiges Drängen weich geworden, schenkte ihr Paul schließlich Pawlowsk. Als Palastherrin beschloß sie, ihm nun auch ihren Stempel aufzudrücken. Sie bemühte sich, einen anderen Architekten zu engagieren. Quarenghi weigerte sich jedoch aus Loyalität seinem Kollegen gegenüber, das Spiel mitzuspielen. Ihrem nächsten Kandidaten, Camerons Assistenten Vincenzo Brenna (1745–1820), einem Opportunisten, war seine Ehre ein solches Opfer nicht wert. Er fand sich bereit, für die Großfürstin zu arbeiten und die Stelle seines Meisters einzunehmen.

Cameron hatte sich an Palladio orientiert. Brenna stockte die Südgalerie und die beiden Pavillons um ein Geschoß auf und fügte zwei geschwungene, zweigeschossige Flügel an, so daß ein nahezu geschlossener Hof entstand. Damit war vom ursprünglichen Plan nicht mehr viel übrig. Für die Ausgestaltung gelang es Brenna, die besten Dekorationsmaler und Bildhauer der Zeit zu gewinnen: Andrei Woronichin, Quarenghi, der zwei Räume entwarf, und Carlo Rossi, der seine Laufbahn hier begann.

Damals fanden gerade die ersten großen archäologischen Grabungen statt, die das Interesse an der Antike aufleben ließ, und dementsprechend brüstet sich Pawlowsk mit einem ägyptischen Vestibül, einem griechischen und einem italienischen Saal. Für den kriegsbesessenen Paul I. wurden in einem Saal des Krieges und in einem Saal des Friedens die Schlachten beschworen, an denen er nie beteiligt war. Außerdem gab es einen Rittersaal, denn nach der Eroberung Maltas durch Napoleon Bonaparte waren einige Ritter nach Rußland geflohen, was Paul I., weitgesteckte politische Ziele vor Augen, zum Anlaß nahm, sich selbst zum Großmeister des Ordens zu ernennen.

Großartig nach der Zerstörung im Zweiten Weltkrieg wiederaufgebaut, entzückt Pawlowsk durch seine Ausgestaltung mehr als alle anderen Paläste. Alles zeugt von einem erlesenen, äußerst verfeinerten Geschmack. Die Türgriffe sind von Goutière entworfen, beim Parkettboden wurden Elfenbein und Ebenholz verwendet. Am meisten aber bestechen die menschlichen Proportionen. Hier kann man leben, wohingegen die Vorstellung, den riesigen Palast von Zarskoje Selo bewohnen zu müssen, einen mit Entsetzen erfüllt. In Pawlowsk herrscht vollkommene Harmonie; alles ist einfach, freilich von einer außerordentlich teuren Einfachheit, deren Preis dem Besucher jedoch nicht ins Gesicht springt. Alles ist von feinster Zurückhaltung und bietet in dem rauhen Klima der nördlichen Steppe beinahe ein rührendes Bild. Es wirkt fragil und gleichzeitig doch auch unzerstörbar. Pawlowsk ist kein imposanter Palast, es ist das Haus eines Herrn, eines Ehrenmanns, auch wenn dieser zufällig der reichste und mächtigste Mann auf Erden ist. Der Park mit seinen gewundenen Wegen, reizenden Überraschungen und unerwarteten Entdeckungen ist der malerischste aller Kaiserresidenzen. In der Regel wird er Cameron selbst zugeschrieben; einer verführerischen, wenn auch nicht eben sehr stichhaltigen

RECHTS OBEN: *Pawlowsk, Parkanlage, Aquarell aus dem 19. Jahrhundert. Die Gärten, von Charles Cameron, Vincenzo Brenna und Pietro di Gottardo Gonzago angelegt, bestehen aus weiten, offenen Räumen, eingesprengten Lichtungen, Wasser, klassischen Pavillons, Brücken und Skulpturen.*

RECHTS UNTEN: *Blick auf die Gartenfassade.*

PAWLOWSK

PAWLOWSK

Klassische Statuen in den Gärten von Pawlowsk.

Die Apollonkolonnade am Anfang eines Wasserfalls.

RECHTS INNEN:
Ein von Charles Cameron entworfener Portikus mit ionischen Säulen und eine Kopie von Antonio Canovas Drei Grazien von Paolo Triscorni (1797–1832).

LINKS INNEN:
Eine der elegantesten Brücken der Gärten, mit Kentaurenplastiken.

LINKS AUSSEN:
Der von Charles Cameron entworfene, von Maria Fjodorowna ihrer Schwiegermutter Katharina II. gewidmete Freundschaftstempel, bei dem erstmals in Rußland kannelierte dorische Säulen verwendet wurden.

UNTEN:
Die Hoffassade bei stürmischem Wetter.

RECHTS:
Arbeitszimmer Pauls I. inmitten der Wohngemächer der Familie.

GEGENÜBERLIEGENDE SEITE:
Das Laternenzimmer oder Kabinett ›Fonarik‹, das Meisterstück des Architekten Andrei Woronichin (1759–1814), das Maria Fjodorowna als Arbeitszimmer diente. Die Karyatiden, die den Gewölbebogen tragen, der den vorspringenden Erker vom Zimmer trennt, stammen vom Bildhauer Wassili Demut-Malinowski (1779–1846). An den Wänden Gemälde italienischer und spanischer Maler: Carlo Dolci, Guido Reni und José de Ribera.

OBEN: *Blick aus dem mit Füllhörnern, Blumengirlanden, Musikinstrumenten und ländlichen Symbolen geschmückten Saal des Friedens durch den Griechischen Saal in den Saal des Kriegs.*

GEGENÜBERLIEGENDE SEITE: *Ein Boudoir, das Maria Fjodorowna folgendermaßen beschrieb: »… ein Kamin …, dessen Giebel von zwei Porphyrsäulen getragen wird; die Simsornamente bestehen aus Porphyr und Jaspis, in der Mitte eine große Marmorvase. Vom Balkon aus sehe ich das Gärtchen und ein großes Stück Park.«*

NÄCHSTE SEITEN: *Der Griechische Saal mit seinen kannelierten Säulen und Pilastern aus imitiertem grünem Marmor mit weißen Marmorbasen und korinthischen Stuckkapitellen, mit Kaminen aus weißem Marmor mit Lapislazulieinlagen, Bronzeornamenten und zwei Bronzeampeln zur Beleuchtung.*

PAWLOWSK

VORHERGEHENDE
SEITE LINKS:
*Eines der drei reizenden
Durchgangszimmer,
die bei Audienzen
als Vorzimmer dienten.
Das hier abgebildete dritte
verbindet die Bildergalerie
mit dem Thronsaal.*

VORHERGEHENDE
SEITE RECHTS:
*Maria Fjodorownas
Prunkschlafgemach,
überreich mit Malachit,
Jaspis, Achat,
Lapislazuli und vergoldeter
Bronze geschmückt.*

Theorie zufolge aber soll Capability Brown durch Gould, einen seiner ehemaligen Schüler, der Potemkins Gärten betreut hatte, den Plan geliefert haben. Eine besondere Vorliebe hegte Maria Fjodorowna für die sogenannte ›Apollonkolonnade‹, die eines Nachts durch einen schrecklichen Sturm zur Hälfte zerstört worden war, auf ihr Geheiß, gewissermaßen aus einer Art Vorahnung heraus, aber nicht hatte restauriert werden dürfen. So darf die Zarin als Erfinderin der ersten echten Ruine gelten. In ihrem geliebten Heim führte sie ein Leben ganz nach ihrem Geschmack. Sie musizierte, malte, machte Holzschnitte, stickte, fertigte Elfenbeinschnitzereien an und hinterließ zahlreiche Beispiele ihrer Begabung. Außerdem las und schrieb sie; den größten Teil ihrer Zeit aber widmete sie mildtätigen Einrichtungen. Sie baute Schulen, Krankenhäuser und Entbindungsheime, organisierte Impfungen für Kinder und gründete die erste Taubstummenschule in Rußland, die sehr gut besucht war.

Maria Fjodorowna ging ganz in ihren persönlichen Vorstellungen auf und bemühte sich in keiner Weise darum, eine gute Gastgeberin zu sein. Im Gegensatz zu Vorläufern, Nachfahren und Zeitgenossen war sie als erstes Mitglied der Zarenfamilie sehr sparsam. Einem Besucher zufolge war das Leben in Pawlowsk tödlich langweilig. Die Gäste pflegten gemessenen Schritts durch den Park zu spazieren und zu nicht enden wollenden Sitzungen zusammenzukommen. Während der Zar, die Zarin, die Großfürsten und Großfürstinnen im Kreis auf Sesseln thronten, mußten die anderen mit Stühlen vorliebnehmen. Die Unterhaltung schleppte sich mühselig dahin und kam über Banalitäten nicht hinaus. Auf Anordnung des Zaren aber durfte sich niemand erheben und den Raum verlassen: Paul war in allen Stücken das Gegenteil seiner Mutter, und den Gästen entrang sich ein Seufzer des Bedauerns, wenn sie an die entzückenden Abende im Kreise Katharinas der Großen zurückdachten. Maria Fjodorowna war als echte Deutsche, und

LINKS OBEN: *Kentaurenbrücke und Apollotempel, Aquarell aus dem 19. Jahrhundert.*

RECHTS OBEN: *Pawlowsk, vom Garten aus gesehen, Aquarell aus dem 19. Jahrhundert. Die Szenerie hat sich bis heute kaum verändert.*

RECHTS: *Maria Fjodorownas Bibliothek, deren strenger Stil durch den von Woronichin entworfenen kunstvollen Lehnstuhl und die Keramikfiguren aufgelockert wird. Detail.*

FOLGENDE SEITEN: *Die Bildergalerie, für die von Paul I. und Maria Fjodorowna noch vor ihrer Thronbesteigung auf ihren Europareisen gekauften Gemälde von Gerard Terborch, Gabriel Metsu, Paolo Veronese und Peter Paul Rubens entworfen, wurde trotzdem in einem erlesenen russischen Stil ausgestattet und ausgeschmückt.*

PAWLOWSK

GANZ OBEN:
Der an den Griechischen Saal anstoßende Italienische Saal, eine Rotunde, die den Mittelteil des Palastes unter der Kuppel einnimmt. Das abgebildete Detail zeigt die Kunstmarmorverkleidung der Wände und eine klassische Skulptur.

OBEN:
Monument in den Gärten von Pawlowsk mit einem häßlichen Standbild von Maria Fjodorowna.

RECHTS:
Als Napoleon Bonaparte Malta eroberte, suchten die verbliebenen Ordensritter in Rußland Zuflucht. Für ihren Empfang ließ Paul I. den Rittersaal bauen, einen architektonisch einfachen Raum mit blaßgrünen Wänden, weißen Stuckfriesen und zum Teil echten römischen Skulpturen.

Der Italienische Saal, im Mittelteil des Palastes gelegen, nimmt die ganze Höhe der beiden Obergeschosse einschließlich der mit einem Kronleuchter ausgestatteten Kuppel ein.

Der Salon in den Privatgemächern, ein geschmackvoll ausgestatteter, aber nach russischen Maßstäben strenger Raum mit luxuriösen blaugelben Vorhängen. Die blaue Marmorverkleidung der Wände ist aufgemalt.

Pawlowsk, die prächtigen Säulen der Fassade.

Blick auf die Gärten mit der reizenden Skulptur eines lieben, braven Löwen.

PAWLOWSK darin der gesellschaftlichen Mode ihrer Zeit voraus, eine gute Vertreterin des Mittelstands. Im Gegensatz zu anderen Kaiserinnen zog sie die Gesellschaft ihrer Familie allen anderen Geselligkeiten vor. Ihre Kinder bemutterte sie wie eine Glucke, und ihren Mann, für den sie eine tiefe Zuneigung empfand, vergötterte sie, vermutlich als einzige im ganzen Zarenreich, als Personifikation aller guten Eigenschaften und Tugenden.

Paul I. hatte einen mongolischen Einschlag, eine schräg geschlitzte Nase, vorspringende Backenknochen und Mongolenfalte. Ein Zeitgenosse, der ihm offensichtlich nicht besonders zugetan war, beschrieb ihn folgendermaßen:

> Er ist mit dem Alter nicht schöner, nur kahler und verrunzelter geworden. Wenn sich die Zarin an seiner Seite zeigt, fühlt man sich unwillkürlich an jene Damen erinnert, die sich mit einem schrecklichen kleinen Affen oder Neger malen lassen, um ihre Größe und Schönheit zu unterstreichen. Seine sonderbare Kleidung und sein linkisches Auftreten betonen seine Häßlichkeit noch. In der Tat ist Paul, Kalmücken und Kirgisen nicht ausgenommen, der häßlichste Mann in seinem Reich. Ja, er findet sich selber so häßlich, daß er keine Münze mit seinem Kopf prägen lassen will.

Sein ganzes Leben lang quälte ihn die Idee, ein illegitimer Sproß zu sein, eine Möglichkeit, auf die bis heute immer wieder angespielt wird. Aber allzu viele seiner Züge erinnern an Peter III. So hatte Paul in Pawlowsk einen Übungsplatz anlegen lassen, auf dem er zu

Das Elternmal, das Denkmal für die Eltern der Gemahlin Pauls I.

Dieser von Charles Cameron entworfene anmutige kleine Pavillon diente als Voliere, ein im 18. Jahrhundert unverzichtbarer Bestandteil eines russischen Landsitzes.

seinem Vergnügen zwei Artillerieregimenter exerzieren ließ, die einzig zu diesem Zweck in der Nähe in Garnison lagen. Seine andere Lieblingsbeschäftigung bestand darin, auf einer bestimmten überdachten Terrasse so viele Schildwachen wie möglich zu postieren und sie, den größten Teil des Tages mit einem Feldstecher zu beobachten, um ihre Haltung zu kontrollieren und jede ihrer kleinsten Bewegungen zu tadeln.

Einmal verdammte er alle Offiziere eines Bataillons zu Kasernenarrest, weil sie nicht korrekt salutiert hatten. Ein andermal bespuckte er einen Offizier, der vom Pferd gefallen war und, weil er sich das Bein gebrochen hatte, keine Habacht-Stellung hatte einnehmen können. Er zögerte auch nicht, Rittmeister und Majore für kleinste Verfehlungen und Inkorrektheiten zu schlagen. Einen Offizier, der die Waffen, nachdem der Kaiser vorübergegangen war, zu schnell wieder aufgenommen hatte, verbannte er nach Sibirien. Es bereitete ihm offenkundig großes Vergnügen, die obsoletesten und demütigendsten Sitten und Gebräuche der russischen Geschichte auszugraben und wieder in Kraft zu setzen. Zum Beispiel hatten sich alle, sobald sie der kaiserlichen Karosse ansichtig wurden, aus ihrer eigenen Kutsche zu verfügen, niederzuwerfen und den Boden mit der Stirn zu berühren, selbst im Schlamm und im Schnee. Gnade Gott jedem, der sich nicht schnell oder tief genug verbeugte: Sibirien konnte jeden ereilen, den Zivilisten so gut wie den Soldaten, denn Paul wurde immer kleinlicher, tyrannischer und unerträglicher. Im Grunde war er kein schlechter Mensch, aber er fühlte sich, wie die Vertreter der modernen Psychoanalyse sagen würden, in seiner Haut nicht wohl. Er hatte nicht genügend Liebe empfangen und war ein einsamer Mensch voller Komplexe.

PAWLOWSK

Dieser Blick von den Gärten auf den Freundschaftstempel zeigt den harmonisch in die Landschaft eingegliederten künstlichen Wasserlauf.

Das ehemalige Michaelsschloß

Zar Paul suchte noch immer nach einer Bleibe ganz nach seinem Geschmack. Pawlowsk hatte er seiner Frau Maria Fjodorowna geschenkt, und Gatschina war zu abgelegen. Da kamen ihm übernatürliche Kräfte zu Hilfe. Eines Nachts hatte ein Gardesoldat im Sommerpalast eine Vision. Der Erzengel Michael erschien ihm und äußerte einige unverständliche Worte. Paul übersetzte: Der Erzengel wünsche an dieser Stelle eine Kirche. Ohne auch nur einen Augenblick zu zögern, ließ er den wunderschönen Holzpalast Bartolomeo Rastrellis für Zarin Elisabeth Petrowna, in dem er selber das Licht der Welt erblickt hatte, dem Erdboden gleichmachen. Vielleicht war das ein Akt von tiefenpsychologischer Bedeutung. Jedenfalls sollte an seiner Stelle ein Palast nach Pauls Vorstellungen und ganz präzisen Anweisungen entstehen. Die Leitung bekam Wassili Baschenow (1717–99), eine leicht tragische, geheimnisumwitterte Figur, an der Paul wohl Gefallen gefunden haben muß. Baschenow hatte in Paris und Italien Architektur studiert, war zu dieser Zeit jedoch schon alt und krank. Er hatte verschiedene sehr ansprechende Entwürfe vorgelegt; jedesmal aber war das Projekt gescheitert, als wäre der arme Mann vom Unglück verfolgt. Offensichtlich wollte Paul aus Gründen der Selbstbestätigung einen Architekten, dem seine Mutter übel mitgespielt hatte. Da Baschenow aber aufgrund seines schlechten Gesundheitszustandes außerstande war, alles selbst zu kontrollieren, wurde noch Vincenzo Brenna, der Erbauer von Pawlowsk, zugezogen.

Dem neuen Palast haftet bis heute etwas Außergewöhnliches an. Aus der Ferne wirkt der rote Kubus, genau wie von Paul beabsichtigt, wie eine Festung. Der achteckige Innenhof ist ein architektonischer Kraftakt, und natürlich wurde eine dem Erzengel Michael geweihte große Kirche in die Fassade miteinbezogen. Nach dem heiligen Michael wurde auch der von Maria Fjodorowna hier geborene Sohn benannt. Die einzigartige Lage zwischen Sommergarten, Exerzierplatz und zwei Flüssen nutzte Paul, um seinem Mißtrauen und Sicherheitsbedürfnis Rechnung zu tragen und den Platz durch den Bau von Kanälen vollends in eine Insel zu verwandeln. Im Inneren dieses dadurch besonders feuchten und von allem Anfang an düsteren Gemäuers ließ er Falltüren und unterirdische Gänge anlegen und sein Zimmer auf diese Weise mit den Kasernen des Pawlowskschen Regiments auf der anderen Seite des Exerzierplatzes verbinden, um sich notfalls zu seinen lieben Soldaten flüchten zu können.

Immer ungeduldiger drängte er auf die Fertigstellung der Burg, als ahnte er, daß ihm nur noch wenig Zeit blieb. Er befahl, die Baumaterialien zu beschaffen, wo immer sie aufzutreiben waren. So wurden zum Beispiel ein für die neue Sankt-Isaaks-Kathedrale bestimmter Fries mitverwendet und die von seiner Mutter für ihre Liebhaber erbauten Paläste für die schnellstmögliche Ausstattung seiner eigenen Residenz ausgeplündert. Das Taurische Palais, die ehemalige Potemkinsche Residenz, wurde vollständig ausgeräumt. Und schließlich ließ Paul überall sein Monogramm anbringen. Ein besonders eifriger Forscher zählte es achttausendmal, ehe er aufgab.

Der Grundstein zum ehemaligen Michaelsschloß war im November 1797 gelegt worden.

Das ehemalige Michaelsschloß, Farblithographie von J. Charlemagne, Paris, 19. Jahrhundert. Fassade mit einem Standbild Pauls I. Pauls Entschluß, anstelle des hölzernen Sommerpalastes, in dem er auf die Welt gekommen war, eine Burg zu bauen, wurde durch ein übernatürliches Ereignis angeregt: Einem seiner Soldaten war Sankt Michael erschienen, nach dem die Burg auch benannt wurde.

Am 1. Februar 1801 zog Paul I. samt Gemahlin und seinen beiden Söhnen, Alexander und Konstantin, ein, obwohl deren Gemächer noch nicht fertig waren und sie mit Vorzimmern vorliebnehmen mußten. Ihre Frauen und Kinder, im Winterpalast zurückgeblieben, kamen erst ein paar Wochen später nach. Der Karneval war fast schon zu Ende. In seiner Freude über den Einzug gab Paul I. in seinem neuen Heim einen Eröffnungsball.

Kaum aber war das Feuerwerk erloschen und das Spiel der Geigen verstummt, verfiel er wieder in seinen alten Trübsinn. Mehr und mehr isolierte ihn sein Mißtrauen von der Welt, auch von seiner Frau und den Kindern, obwohl sie ihm in großer Loyalität ergeben waren. Überall sah er Feinde und Verräter und vermutete Verschwörungen. Immer mehr wuchs sich sein Verfolgungswahn zur fixen Idee aus. Dabei war Paul keineswegs dumm. Er besaß eine zupackende Intelligenz, einen lebhaften Geist und vermochte sehr klar zu denken. In Fragen der Außenpolitik bewies er sogar einen außerordentlichen Weitblick. So sagte er, obwohl er Frankreich und seine Revolution haßte und ein zuverlässiger Verbündeter Englands war, die Herrschaft des jungen Bonaparte voraus, dem das übrige Europa keine Zukunft gab. Plötzlich allerdings vollzog er, aus weitgehend unbekannten Gründen, eine spektakuläre Wende, ließ England fallen und näherte sich Frankreich an.

So vergingen einige Wochen. Am 11. März 1801 abends verließ Paul wie gewöhnlich seine feste Burg, um den Abend mit seiner Freundin, Fürstin Gagarin, zu verbringen. Da er ihr blässer und düsterer als sonst erschien, fragte sie ihn ängstlich nach der Ursache. »Die Ursache ist«, erwiderte er, »daß die Zeit gekommen ist und man in ein paar Tagen die Köpfe meiner Lieben rollen sehen wird.« Die Prinzessin schauderte. Paul hatte bereits früher Drohungen gegen seine Frau ausgestoßen. Seinen ältesten Sohn hatte er schon einmal verhaften lassen. Wie weit würde er sich von seinem Mißtrauen diesmal hinreißen lassen? Unter dem erstbesten Vorwand entfernte sie sich aus dem Zimmer, kritzelte eine

DAS EHEMALIGE
MICHAELSSCHLOSS

Warnung auf einen Zettel und schickte ihn an den Thronerben ins frühere Michaelsschloß.

Gegen elf Uhr kehrte der Zar in die Burg zurück, begab sich in seine Gemächer, legte sich zu Bett und schlief sofort ein. Zur gleichen Zeit brach vom Talitsin-Palais, wo sie den Abend zugebracht hatten, eine Gruppe von Verschwörern auf, rund sechzig Mann, Adlige und Offiziere, die von Paul mißhandelt oder entehrt worden waren und sich nicht länger mit seiner Tyrannei abfinden wollten. Sie träumten von Freiheit und hatten ihren Staatsstreich seit Wochen geplant. Unter ihnen befand sich neben anderen Platon Subow, Katharinas letzter Favorit, Graf Pahlen, Generalgouverneur von Petersburg, der Anführer der Verschwörung, sowie Graf Beningsen. In ihre Mäntel gehüllt, um nicht erkannt zu werden, kamen sie schweigend durch das Gartentor. Doch durch das Geräusch ihrer Schritte unter den kahlen Bäumen aufgeschreckt, flog ein ganzer Schwarm Krähen unheilvoll krächzend auf – in den Augen der Männer ein schlechtes Omen. Im Schloßhof angekommen, trennten sie sich in zwei Gruppen. Pahlen, der die erste Gruppe anführte, schlüpfte durch eine bestimmte Tür ins Schloß, die ihm, da ihn seine Funktion täglich mit dem Zaren in Berührung brachte, wohl bekannt war. Er hatte Sorge getragen, die gewöhnlichen Palastwachen durch Soldaten zu ersetzten, die ihre Sache unterstützten. Einen Posten allerdings hatte er vergessen, der »Wer da?« rief. Pahlen trat näher, schlug den Mantel zurück und enthüllte seine ordenübersäte Brust. »Siehst du nicht, wohin wir wollen?« fragte er, worauf die Wache erklärte: »Eure Patrouille kann passieren.«

In der Galerie, die zum Vorzimmer des Kaisers führte, trafen sie einen Mitverschwörer, einen Offizier in der Uniform eines einfachen Soldaten. Auf Subows Frage: »Wo ist der Zar?« antwortete er: »Er ist vor einer Stunde zurückgekommen und ist jetzt bestimmt im Bett.« Er klopfte an die Tür und erklärte auf die Frage des Kammerdieners: »Wer da?«: »Ich, Aparkamakow, der Adjutant Seiner Majestät.« »Was wollen Sie?« »Rapport erstatten.« »Sie machen Witze. Es ist Mitternacht.« Doch der Adjutant ließ nicht locker. Nach einigem Zögern öffnete der Kammerdiener schließlich die Tür. Sofort drangen die Verschwörer ins Vorzimmer. Vor Schreck wie gelähmt, unternahm der Kammerdiener nichts, während ein polnischer Husar die Tür zum Kaiserlichen Schlafgemach versperrte und schrie: »Sire, fliehen Sie!« Den Verschwörern befahl er, sich zurückzuziehen. Ein Pistolenschuß fiel. Im Handumdrehen war der tapfere Husar entwaffnet und zu Boden geworfen. Durch den Schuß, mehr als durch das Geschrei des Husaren, aufgeschreckt, sprang Paul aus dem Bett und lief zur Geheimtür, die zu den Gemächern seiner Frau führte. Er versuchte vergeblich, sie aufzureißen, denn in seinem Mißtrauen hatte er sie erst vor kurzem verrammeln lassen. Dann fiel ihm die Falltür zum unterirdischen Gang ein, aber sein nackter Fuß war nicht kräftig genug, um die Feder auszulösen. Auch dieser Fluchtweg war versperrt.

Paul konnte die Verschwörer gegen die Tür anrennen hören, die schließlich unter dem Druck nachgab. Beningsen und Subow liefen zum Bett, fanden es aber leer. »Er ist entkommen, es ist alles verloren!« »Nein«, rief Beningsen und stieß den Wandschirm neben dem Bett beiseite, hinter dem der Kaiser aller Reußen kauerte. Der Zar rief Pahlen, den er für seinen treuesten Gefolgsmann hielt, zu Hilfe. Er begriff nicht, was vor sich ging, was diese Männer wollten. Beningsen und Subow versuchten, ihm zu erklären, daß sie im Namen des Senats gekommen waren, um ihn zur Abdankung aufzufordern, und händigten ihm die Urkunde zur Unterzeichnung aus. Paul trat damit zur Lampe am Kaminsims, um sie zu lesen. Über der Lektüre aber ging sein jähes Temperament mit ihm durch. Er protestierte, die anderen antworteten mit Beschimpfungen. Wieder begann er zu lesen. Da packte ihn die Wut. Er vergaß, daß er allein, unbewaffnet und nahezu nackt war, die anderen dagegen bewaffnet und fest entschlossen, ihr Ziel zu erreichen. Voller Zorn knüllte er die Urkunde zusammen und

Pauls I. Wunsch war es, mit dem ehemaligen Michaelsschloß eine Festung zu erbauen, aus der die Architekten Wassili Baschenow und später Vincenzo Brenna letztlich doch einen durchaus wohnlichen Palast machten. Der satte Anstrich, die Basreliefs an der Fassade und die Kirche auf der Westseite verleihen dem Bau sogar eine gewisse Schönheit.

DAS EHEMALIGE MICHAELSSCHLOSS

warf sie mit den Worten »Nie und nimmer! Lieber sterbe ich!« auf den Boden. Griff er dabei, wie die Verschwörer behaupteten, nach seinem Degen? Wir werden es nie erfahren.

An diesem Punkt platzte die zweite Gruppe der Verschwörer, die einen anderen Weg genommen hatten, ins Zimmer, darunter Fürst Tatetswil, der, von Paul beleidigt, auf Rache sann. Er stürzte sich auf den Zaren, der im Handgemenge zu Boden ging und dabei Lampe und Wandschirm umstieß. Als er mit der Stirn auf die Kaminkante aufschlug, schrie er vor Schmerz über die tiefe Wunde laut auf. Aus Angst, sein Geschrei könnte Hilfe herbeiholen, warfen sich die anderen über ihn. Paul versuchte hochzukommen, konnte sich aber nicht befreien. Es herrschte vollkommene Dunkelheit. Nur Schreie und Stöhnen waren zu hören. Schließlich schaffte es Paul, die Hände, die ihm den Mund zuhielten, wegzuschieben. »Meine Herren«, keuchte er auf Französisch, »verschonen Sie mich, geben Sie mir die Zeit, zu Go …« Er konnte das Wort Gott nicht mehr vollenden. Einer der Angreifer hatte seine Schärpe abgenommen und Paul um den Hals gelegt. Sein Stöhnen ging in Röcheln über, dann trat Stille ein. Ein paar konvulsivische Zuckungen, und alles war zu Ende.

Als Beningsen mit einer Lampe zurückkam, war Paul I. tot. Beningsen befahl, den Leichnam aufs Bett zu legen. Da erst betrat Pahlen den Raum, den Degen in der Hand. Am Mord hatte er sich nicht beteiligen wollen, obwohl er den Staatsstreich selbst organisiert hatte. Der Verrat, mochte er auch gerechtfertigt sein, hatte ihm in diesem Augenblick zu sehr zu schaffen gemacht. Beim Anblick der Leiche blieb er stehen und lehnte sich an die Wand. Alle Farbe war aus seinem Gesicht gewichen. Wie trunken von der Tat und als wüßten sie nicht, wo sie waren, stürmten die Verschwörer aus dem Zimmer des Toten mit dem Ruf: »Lang lebe Alexander!« Vor der Tür stießen sie auf die Zarin Maria Fjodorowna, die entsetzt zu ihrem Mann eilen wollte. »Madame, es ist alles aus. Sie würden sich für den Rest Ihrer Tage nur unnötig kompromittieren, und die Tage von Paul sind vorüber.« Mit einem Schrei fiel die Witwe in Ohnmacht. Alexander hatte seit Wochen und Monaten um sein und seiner Mutter Leben gebangt. Als die Verschwörer an ihn herantraten, hatte er schließlich in den Sturz seines Vaters eingewilligt, um Schlimmeres zu verhüten. Natürlich hatte er empfohlen, keine Gewalt anzuwenden. Nun fanden ihn die Verschwörer vom Kummer niedergeschmettert. »O Pahlen, welcher Anfang für meine Geschichte!« Die Verschwörer versuchten, ihn zur Vernunft zu bringen, aber Alexander weigerte sich, ihnen zuzuhören. Schließlich stießen sie ihn in eine Kutsche, und zur Sicherheit nahmen Pahlen und Subow die Stelle der Lakaien hinten auf der Kutsche ein. Im Galopp setzte sich das Gefährt, von Wachbataillonen begleitet, zum Winterpalast in Bewegung. Dort hatten die Verschwörer die wichtigsten Garderegimenter zusammengerufen. »Hier ist der Zar. Lang lebe der Zar!« Aber Alexander, blaß und niedergeschlagen, weigerte sich auszusteigen. Er mußte aus der Kutsche gezerrt werden, wurde auf die Schultern gehoben und einer jubelnden Menge gezeigt, die ihm begeistert Treue schwor. Aber auch die Gunst des Volkes konnte den Kaiser nicht aus seinen düsteren Überlegungen reißen.

Die Ärzte erklärten, Kaiser Paul sei einem Schlaganfall erlegen. Aber um den Leichnam in dem Palast, in dem er nur so kurze Zeit gelebt hatte, für die üblichen Zeremonien aufbahren zu können, mußte er wie eine Puppe bemalt und hergerichtet werden. Die Wunde am Kopf wurde mit einem Hut verdeckt. Als Bonaparte von dem tragischen Ereignis hörte, vermutete er, die Anführer seien Engländer. Alexander selbst fühlte sich für den Rest seines Lebens schuldig, auch wenn er die Tat nicht gewollt hatte. Nach einer solchen Tragödie wollte keiner von der kaiserlichen Familie mehr in der Burg wohnen. So wurde eine Ingenieurschule darin eingerichtet, und einer der vielen Studenten, die auf den Bänken des sogenannten Ingenieurspalastes seine Hosen durchwetzte, war Puschkin, der später der größte russische

Der Sommergarten der Burg wurde vollständig von Paul I. selbst entworfen. Im Hintergrund ist das Schloßdach zu sehen, überragt von der Turmspitze der Michaelskirche.

DAS EHEMALIGE MICHAELSSCHLOSS

Dichter werden sollte. In einem seiner Gedichte erinnerte er sich auch an das ehemalige Michaelsschloß:

> Wenn der Mitternachtsstern funkelt
> Auf den finsteren Wassern der Newa
> Und des Gleichgültigen Haupt
> In friedlichem Schlummer darniederliegt,
> Richtet sich des Dichters Blick gedankenvoll
> Auf den in Vergessenheit begrabenen Palast,
> Dräuendes Denkmal eines Tyrannen,
> Verlassen in den Nebeln des Schlafes,
> Und er hört die gefürchtete Stimme Clios
> Über den düsteren Mauern
> Und sieht wie mit eigenen Augen
> Die letzte Stunde Caligulas.
>
> A. S. PUSCHKIN, aus der Ode *Freiheit*, 1817

Kamennostrowski-Palast

Nordnordwestlich von Sankt Petersburg teilt sich die Newa in verschiedene breitere, schmälere, teils schnell dahinschießende, teils träge dahinfließende Arme mit Inseln und Inselchen, die sich schon seit Jahrhunderten bei Sommerfrischlern großer Beliebtheit erfreuen. Grün überwuchert und romantisch, haben sie mit ihren verborgenen Winkeln, vergessenen Monumenten und den heruntergekommenen, einst prächtigen Landhäusern ihren Reiz bis heute nicht verloren. Am beliebtesten war Kamennostrowski, die Steininsel. Als der künftige Paul I. acht Jahre alt war, kaufte Katharina die Insel, um für ihren Nachfolger dort ein Haus bauen zu lassen. Die Bauarbeiten am Palast begannen jedoch erst 1776. Der Baumeister ist unbekannt. Wahrscheinlich waren es Wassili Baschenow, der Architekt des Ingenieursschlosses, und als Hilfe oder ausführender Bauleiter Juri Velten.

Der Palast, ein Putzbau in Weiß und Gelb, den Petersburger Lieblingsfarben, ist äußerst schlicht gehalten. Auf der Gartenseite führt eine Treppe vom Portikus in sanftem Gefälle zur Kleinen Newka hinunter, in deren idyllischen Wassern sich die Holzbänke spiegeln. Ab und zu sieht man die Glockentürme der verschiedenen Petersburger Klöster. Kamennostrowski, weit entfernt von den gewaltigen Ausmaßen von Zarskoje Selo oder Peterhof oder vom sublimen Luxus von Pawlowsk, ist – oder besser war, denn heute ist es ein Armeesanatorium – ein echtes Landhaus. Im Inneren wurde lediglich der schönste Raum, der ovale Saal, restauriert. Der Garten, nach Plänen von Thomas de Thomon im reinsten englischen Stil entworfen, hat sich mit seinen sorgfältig geplanten Rasen, Baumgruppen und Lauben seinen rustikalen Charme bis heute bewahrt.

Nach dem tragischen Tod Pauls I., der nur wenig Zeit hier verbracht hatte, fiel derPalast an seinen Sohn und Erben, Alexander I., der Kamennostrowski als Sommerresidenz schätzte. Hier setzte ihn auch eines Tages im Juni 1812 seine staubbedeckte Kutsche ab. So viel war geschehen, seit er vor ein paar Monaten Sankt Petersburg verlassen hatte. Schon seit Anfang des Jahres lag Krieg in der Luft, knisterte ganz Europa vor Gerüchten. Napoleon, so hieß es, bereite seine Schlachtpläne vor. Er habe beschlossen, Rußland, der einzigen Kontinentalmacht, die es mit ihm aufnehmen konnte, die Allianz aufzukündigen. In Rußland herrschte gespannte Nervosität; Genaueres war nicht bekannt. Im April war Napoleon von Paris nach Sachsen aufgebrochen, was die Ängste der Petersburger schürte. Alexander war nach Wilna in Litauen gegangen und wie ein Abgott empfangen worden. Die polnischen Magnaten hatten sich förmlich überschlagen, um ihm die überschwenglichste Gastfreundschaft anzubieten, und die ganze Bevölkerung hatte ihn mit Frieden verkündendem Glockengeläut und Kanonensalven umjubelt.

Die Russen verlebten in Wilna eine so vergnügliche Zeit, daß einige Mitglieder der Petersburger Gesellschaft gekommen waren, um sich ihrem Zaren anzuschließen. Am 25. Juli lud ihn sein Adjutant zu einem großen Ball in Zacret, dem Landhaus von Beningsen, dem Mörder seines Vaters, ein. Mitten in einer Polonaise, einem Modetanz der Zeit, platzte General Balatschew in den Saal und wollte den Zaren sprechen. Wenige Minuten, nachdem sie auf die Terrasse hinausgegangen waren, kam Alexander blaß, aber gefaßt in den Raum zurück. Er bat, sich entschuldigen zu dürfen, da er noch eine wichtige Angelegenheit zu erledigen habe. In Wirklichkeit hatte er soeben erfahren, daß Napoleon in Rußland eingefallen war. Bonaparte stieß so blitzschnell vor, daß Alexander sein Hauptquartier von Wilna zurück nach Drissa und schon bald darauf in die alte Hauptstadt Moskau verlegen mußte, wo ihm ein triumphaler Empfang bereitet wurde.

Doch es war nicht die Zeit für Pomp und Festlichkeiten, und Alexander schätzte ohnehin Einfachheit. Wieder nach Sankt Petersburg zurückgekehrt, beschloß er, für die Dauer des Kriegs mit seiner Frau, der Zarin Elisabeth, in Kamennostrowski zu leben. Das signalisierte unter anderem die Aussöhnung des Zarenpaares, das sich einst wirklich geliebt, später aber auseinandergelebt hatte. Alexander hatte zahllose Geliebte gehabt, die er nun aufgegeben hatte. Die schlechten Nachrichten rissen aber nicht ab. Napoleon hatte Smolensk eingenommen, eine der wichtigsten Städte des Reichs, und zum Entsetzen der Russen in Brand gesteckt. In der Zarenfamilie brach Panik aus. Die Großfürstin Katharina floh nach Jaroslavl, die Zarinwitwe Maria Fjodorowna nach Kasan. Die Zarin Elisabeth dagegen legte einen Mut und eine Seelenstärke an den Tag, die niemand bei der schönen, vernachlässigten Frau vermutet hätte. Sie gab ihre zurückgezogene Lebensführung auf, gründete Gesellschaften, die sich um Kriegswaisen kümmerten, zeigte ein lebhaftes Interesse an allen Organisationen, die Verkrüppelte und Verwundete pflegten, und spendete insgeheim neunzig Prozent ihrer Apanage für diese und ähnliche wohltätige Zwecke.

Niederlage folgte auf Niederlage. Die Generäle waren geteilter Meinung und hörten nicht auf zu streiten. Im ganzen Reich wurde der Ruf nach der Rückberufung des alten Feldmarschalls Kutusow, des Helden der Türkenkriege, laut, der als einziger fähig sein sollte, das Reich zu retten. Alexander mochte ihn nicht, beschloß aber dennoch, ihn am 18. August 1812 in Kamennostrowski zu empfangen. Auf der einen Seite des Tisches saß der Veteran, korpulent, auf einem Auge blind, unermüdlich und unerschütterlich, ein schlauer Genießer und der Halbgott seiner Armee, der Rußland und die russische Seele besser kannte als irgendein anderer. Auf der anderen der junge Zar, groß und schlank, der personifizierte Charme, sanft, aber undurchdringlich, der zugleich feminin und sonderbar mystisch wirkte. Niemand weiß, was genau gesprochen wurde oder wieviel

Aquarell aus dem 19. Jahrhundert: das auf einer Insel in der Newa direkt vor Petersburg gelegene Kamennostrowski-Palais, das Juri Velten im Auftrag Katharinas II. nach Entwürfen von Wassili Baschenow für den Zarewitsch Paul erbaute.

KAMENNOSTROWSKI-
PALAST

Kutusow von seinen Plänen enthüllte, jedenfalls aber wurde er zum Oberbefehlshaber ernannt, und nach dem Treffen flüsterte Alexander einem Freund zu: »Die Öffentlichkeit will ihn auf diesem Posten sehen, und so habe ich ihn ihm gegeben; aber was mich betrifft, so wasche ich meine Hände in Unschuld.«

Am 10. September traf in Kamennostrowski ein Kurier mit der Nachricht ein, daß bei Borodino, unweit von Moskau, eine große Schlacht im Gang sei. Alexander tat die ganze Nacht keine Auge zu. Am nächsten Morgen erhielt er einen eher zuversichtlichen Report von Kutusow und glaubte, die Schlacht sei gewonnen. Die Neuigkeit verbreitete sich wie ein Lauffeuer in der ganzen Stadt. Der Zar wurde öffentlich gefeiert. Doch bald darauf erfuhr er aus einem Brief des Gouverneurs von Moskau, Graf Rostoptschin, daß die Hauptstadt trotz des bewundernswerten Muts der Truppen hatte aufgegeben werden müssen. Rostoptschin selbst hatte sie angezündet. Moskau existierte nicht mehr. Alexander brach in Tränen aus. Die öffentliche Euphorie schlug in Bestürzung, dann in Unmut und Wut um. Zufällig fiel auf diesen Tag die Jahresfeier von Alexanders Thronbesteigung. Seine Ratgeber flehten ihn an, dem Festgottesdienst in der Kathedrale fernzubleiben, und seine Gattin bat ihn, zumindest eine geschlossene Kutsche zu nehmen, was er versprach. Als der Zar langsam durch die riesige Menge rollte, blickte er in ein Meer zorniger Gesichter. Und als er zwischen Spalieren Petersburger Bürger die Stufen zur Kathedrale erklomm, war außer dem Geräusch seiner Schritte auf den Granitstufen nichts, kein einziger Beifallsruf, zu hören. Dieses eine Mal war Alexander nicht imstande, seine Gefühle zu verbergen. Ja, sie waren ihm so deutlich ins Gesicht geschrieben, daß einer Hofdame der Zarin vor Schreck die Knie zitterten.

Alexander war wütend auf Kutusow, der Moskau aufgegeben hatte. Seine Abneigung gegen den Oberbefehlshaber war nicht geringer geworden. Und doch waren beide im Grunde aus demselben Holz geschnitzt. Während seine Ratgeber und ein Teil der kaiserlichen Familie ihn bedrängten, mit Napoleon zu verhandeln, der ihm seinerseits reichlich Gelegenheit dazu bot, verschanzte er sich nur um so starrsinniger in Kamennostrowski. Verhandlungen oder gar Friedensangebote kamen für ihn nicht in Frage. Weit davon entfernt, ihn zu schwächen, hatten ihn die Niederlagen und der schmerzliche Verlust von Moskau, der Brand der alten Hauptstadt, in seinem Beschluß nur noch bestärkt. Eines Morgens im Oktober wurde er für seine Ausdauer belohnt. Die lang erwartete Nachricht traf ein. Nach zweiunddreißig Tagen der Besetzung hatte Napoleon den Rückzug befohlen. Als Kutusow dies erfuhr, warf er sich tränenüberströmt vor den Ikonen nieder, um Gott zu danken. Alexander blieb unbewegt; nur ein dünnes Lächeln erhellte seine verzerrten Züge. Sehr bald darauf konnte er seine Reisen in umgekehrter Richtung wieder aufnehmen, auf einem durch russische Siege vorgezeichneten Weg. Im Dezember zog er in Wilna ein, das er im April so überstürzt hatte verlassen müssen. Dort traf er mit Kutusow zusammen. Er umarmte ihn, ernannte ihn zum Fürsten von Smolensk und heftete ihm das St.-Georgs-Kreuz, die höchste militärische Auszeichnung Rußlands, auf die breite Brust. Gemeinsam hatten »der Grieche vom Oströmischen Reich«, wie Napoleon Alexander gern bezeichnete, und »der alte Satyr«, wie Kutusow von seinen Feinden genannt wurde, Rußland gerettet, obwohl sie ansonsten kaum miteinander auskamen.

Am äußeren Erscheinungsbild des Palastes und seiner Gärten hat sich seit seiner Erbauung gegen Ende des 18. Jahrhunderts wenig geändert. Noch immer führen vom achtsäuligen Portikus der Flußfassade die Stufen fast bis zum Wasser hinunter.

Jelagin-Palais

Mit Napoleons Verbannung nach Sankt Helena fand der Alptraum ein Ende. Es herrschte wieder Frieden, und wie zuvor konnten die Menschen in ihrer Mußezeit ihren Vergnügungen nachgehen. 1817 kaufte Alexander I. die nach ihrem Vorbesitzer Jelagin benannte Newa-Insel, um seiner Mutter, Maria Fjodorowna, einen Palast zu bauen. Es war sein erstes größeres Bauprojekt. Als Architekten wählte er Carlo Rossi, den Sohn einer italienischen Ballerina, der, so wurde gemunkelt, ein unehelicher Sproß Zar Pauls sein sollte. Sein Talent hatte sich schon früh gezeigt. Er hatte in Rußland bei Vincenzo Brenna, dann in Italien studiert. Er war jung und schön und schuf ganz allein einen Stil, der für Sankt Petersburg charakteristisch werden sollte.

Jedes der vier großen modernen Reiche hat, als Zeuge seiner Größe, seinen eigenen Empire-Stil entwickelt, der sich mühelos identifizieren läßt. Es gibt einen amerikanischen, einen britischen, einen österreichischen und schließlich einen russischen Empire-Stil. Letzterer zeichnet sich durch majestätische Schlichtheit und kalte, stolze, abweisende Eleganz aus. Mit seinen bedeutendsten Bauten, dem Generalstab, dem Senat und Synod, dem Alexander-Theater und der heute nach ihm benannten wundervollen Theaterstraße hat Rossi der russischen Hauptstadt einen unwirklichen, märchenhaften und zeitlosen Charakter verliehen.

Am Anfang seiner Karriere stand ein neuer Sommerpalast für die Zarinwitwe, ein entzückendes, zwischen Bäumen auf einer erhöhten Terrasse am Wasser gelegenes Palais, das alle typisch russischen Elemente vereint: Kuppel, Portikus, eine von Marmorlöwen bewachte, zum Rasen hinunterführende Prunktreppe. Und allenthalben stößt man auf Petersburgs Königin, das Wasser. Das Innere des Palastes war mit dem raffiniertesten Luxus, mit den seltensten Hölzern, den feinsten Marmorsorten ausgestattet. Die Mahagonitüren waren mit vergoldeter Bronze beschlagen, und auf den glatten Wänden tanzten anmutige mythologische Gestalten. Überall hingen Stiche in zartesten Farbtönen, Spiegel und Kristall. Nicht weit vom Palast entfernt stehen die im Halbrund angeordneten Küchen, deren Wände wie bei einem klassizistischen Pavillon durch Nischen für Statuen und Vasen gegliedert sind. Der Park selbst ist das Werk von Joseph Bush, John Bushs Sohn, der den Park von Zarskoje Selo schuf, und ist wohl die geglückteste, jedenfalls die bei den Einheimischen beliebteste Anlage in der Umgebung von Sankt Petersburg. Alle seine Schlupfwinkel, einer einladender als der andere, scheinen wie von russischen Landschaftsmalern des 19. Jahrhunderts gemalt.

Alexander I. war ein liebevoller, treusorgender Sohn, der seine Mutter fast täglich in Jelagin besuchte. So blieb ihr nicht verborgen, daß er einen tiefgreifenden Wandel erlebte. Dieser unergründliche Mann, der lange Zeit ausgesprochen vergnügungssüchtig und

Das Porzellanzimmer. Dieses Eckzimmer im Erdgeschoß des Palastes wurde von Antonio Vighi mit allegorischen Fresken ausgemalt. Die Dekoration des Raumes verschlang insgesamt die sagenhafte Summe von 15 000 Rubel.

JELAGIN-PALAIS

weltzugewandt war, der früher stets darauf bedacht war, in der Gesellschaft zu brillieren, wurde nun tief religiös. Er entsagte der Welt und weihte sich Gott. Der Mann, der Napoleon besiegt hatte, die beherrschende Kraft in Europa, der von einem ganzen Kontinent bewunderte Herrscher, konnte die Ermordung seines Vaters nicht vergessen und litt täglich mehr unter der quälenden Erinnerung.

Eines Tages im Winter 1825 suchte er seine Mutter auf, um sich zu verabschieden. Bald nachdem er zu einem Urlaub in einen fernen Winkel der Krim aufgebrochen war, erreichte die Kaiserin die Nachricht von seinem unerklärlichen Tod. Wie ein Lauffeuer breitete sich das Gerücht aus, der Kaiser sei in Wirklichkeit gar nicht tot. Maria Fjodorowna begab sich nach Moskau, und für sie, nur für sie, wurde der Sarg geöffnet, der entgegen dem damaligen Usus bereits zugenagelt worden war. Sie beugte sich über den Leichnam und identifizierte laut und feierlich als Zar Alexander I. Niemand weiß, ob sie die Wahrheit sagte oder ob sie diesen letzten Liebesdienst mit ihrem Sohn abgesprochen hatte. War Alexander wirklich tot, oder war er nur untergetaucht, um sein Leben als namenloser Eremit Gott zu weihen, um Vergebung zu erlangen?

Detail des Stuckfrieses im Ovalen Saal, dessen sechzehn ionische Halbsäulen ein wunderschönes Gesims tragen. Die Karyatiden, dekorativen Gruppen und Basreliefs wurden von Stephan Pimenow (1784–1833) und Demut-Malinowski ausgeführt.

OBEN: *Die Fassade des von Carlo Rossi für Alexander I. erbauten Palastes mit Blick auf die Newa.*

UNTEN INNEN: *Blick auf die Gärten und Stallungen, die einen in sich abgeschlossenen Trakt bilden und eher an ein elegantes Landhaus als an ein Wirtschaftsgebäude erinnern.*

UNTEN AUSSEN: *Detail der Freskomalerei im Porzellanzimmer.*

Michael-Palais

Obwohl Jelagin nicht gerade klein ist, war der Entwurf für Rossi doch nur eine Bagatelle. Seinen Größenvorstellungen entsprach weitaus mehr das Michael-Palais, das Alexander I. für seinen jüngsten Bruder, Großfürst Michael, in Auftrag gab. Mit diesem zwischen 1819 und 1825 ausgeführten Palast schuf Rossi ein Paradebeispiel des russischen Empire-Stils – einen unvergleichlich prächtigen Bau mit Kolonnaden von geradezu majestätischem Charakter und einer enorm langen Fassade von klassizistischer Kälte. Da er mit der Planung des Bauwerks allein nicht zufrieden war, entwarf Rossi, wie bei all seinen großen Werken, auch den Platz, an dem das Gebäude stehen sollte, mitsamt den benachbarten Straßen und Wohngebäuden. Dasselbe galt auch für die Innenausgestaltung. Auch hier überließ er nichts dem Zufall und plante alles bis ins Detail bis hin zu den Wand- und Deckenfresken, dem Muster der Parkettböden, den Kaminen, Kronleuchtern, Wandverkleidungen und sogar der Möblierung. Einem außergewöhnlichen Zufall haben wir es zu verdanken, daß der weiße Säulensaal des Michael-Palais' einschließlich der ehemaligen Möblierung fast unverändert erhalten blieb. Dank der Skulpturen von Mikhail Koslowski (1753–1802), der Basreliefs von Stephan Pimenow (1784 bis 1833), der Fresken von Antonio Vighi (1764–1844), des unmäßig verzierten und vergoldeten Meublements und der bläulichgrauen Seidentapeten können wir uns heute ein recht gutes Bild vom Empire-Dekor machen.

Alexander hatte seinen jüngsten Bruder besonders großzügig bedacht. Er hatte ihm nicht nur den Palast geschenkt, sondern auch alles, was man zum täglichen Leben braucht und darüber hinaus sogar noch das Gold- und Silbergeschirr, Porzellan, Glas und alles, was für das Feiern von rauschenden Festen erforderlich war.

Der Großfürst hatte eine außergewöhnliche Frau, Helena von Württemberg, geheiratet, eine nicht nur schöne, kluge und kultivierte Person, sondern auch eine eindrucksvolle, charakterstarke Persönlichkeit. Sie unterhielt in der Hauptstadt den einzigen Salon, der diese Bezeichnung wirklich verdiente. Auch nach dem frühen Tod des Großfürsten bei einem Reitunfall in Warschau zog sich die Witwe nicht aus der Öffentlichkeit zurück. In ihrer Gesinnung war sie liberal und menschlich und die erste, die auf ihrem Gut in Poltawa die Leibeigenschaft abschaffte und dadurch die erste Bresche in das alte System schlug. Sie hielt mit ihren Ansichten, die heute als links eingestuft würden, nicht hinter dem Berg, empfing die liberalsten Minister, Politiker und Denker und antwortete ihrem Schwager, Zar Nikolaus I., als er sie deswegen tadelte: »Es ist allemal besser für Euch, Sire, daß sie in meinem Haus laut sagen, was sie denken, als wenn sie bei anderen hinter vorgehaltener Hand konspirieren.« In der Tat steckte sie während der folgenden Regierungszeit hinter den meisten Reformen, vor allem aber hatte sie einen erstaunlichen Spürsinn für alle Arten von Talenten. Da war kein junges Talent, Schriftsteller, Künstler

Michael-Palais, Detail des Treppenhauses: die durch klassische Skulpturen gegliederte Galerie.

MICHAEL-PALAIS oder Musiker, das sie nicht eingeladen hätte. Ihr Haus stand allen schöpferischen Menschen offen. Lange Zeit war sie die unumstrittene Königin der Petersburger Gesellschaft, eine vornehme Dame nach altem Stil, edel und stolz, die von ihrem Thron auf die Welt herabschaute, aber nie kleinlich oder rachsüchtig war.

Heute ist im Michael-Palast das Russische Museum untergebracht, das entgegen allen Vermutungen schon vor der Revolution eingerichtet wurde. Gegen Ende des letzten Jahrhunderts begann Alexander III., der große Liebhaber der russischen Kunst, von Sammlern oder direkt von russischen Künstlern Bilder zu kaufen. Und da seine Residenz für diese Sammlung schon bald nicht mehr ausreichte, spielte er mit dem Gedanken, ein Museum zu eröffnen. Doch ehe er dieses Vorhaben in die Tat umsetzen konnte, starb er. Sein Sohn und Nachfolger, Nikolaus II., zögerte nicht, das Projekt zu Ende zu bringen und das Michael-Palais für die Krone zu erstehen. Heute sind hier einige der schönsten Ikonen der Welt, reizvolle Porträts aus dem 18. Jahrhundert, romantische Landschaften aus dem 19. Jahrhundert, märchenhafte Phantasien der großen Bühnenbildner des russischen Balletts und Meisterwerke der im Ausland so wenig bekannten modernen Russischen Schule zu sehen.

Der Weiße Säulensaal, in all den Kaiserpalästen einer der wenigen Räume, die in ihrer ursprünglichen Ausgestaltung und Möblierung erhalten blieben. Die Möbel wurden ebenfalls von Carlo Rossi entworfen, die Fresken von Antonio Vighi ausgeführt.

Detail des Gitters und der Kolonnade an der Palastfassade. Das von Carlo Rossi erbaute Palais, majestätisch in seiner Größe und seiner Nüchternheit, verkörpert den Triumph des Empire-Stils in Rußland.

Das Michael-Palais, Farblithographie aus dem 19. Jahrhundert von J. Charlemagne. Der Palast wurde zwischen 1819 und 1825 für den jüngsten Bruder Alexanders I., Großfürst Michael, erbaut und später von Nikolaus II. in ein Museum für russische Kunst, das Russische Museum, umgewandelt.

Peterhof, Schlößchen ›Cottage‹

Im Laufe des 19. Jahrhunderts wurde die kaiserliche Familie in ihrer Geisteshaltung und in ihrem Lebens- und Wohnstil immer bürgerlicher. Nach und nach hatte sich die Bourgeoisie die soziale Stufenleiter hinaufgearbeitet und zur dominierenden Klasse aufgeschwungen. Nun versuchte sie nicht länger, die Aristokratie des 18. Jahrhunderts zu kopieren; jetzt kopierte umgekehrt der Adel und sogar die Zarenfamilie die Großbourgeoisie. Die Zaren, einst Genies, Ungeheuer oder Exzentriker, waren nun Bürger. Als weiterer, eng mit diesem Wandel verknüpfter Faktor kam die Eindeutschung der herrschenden Familie hinzu. Nikolaus I., der Bruder und Nachfolger Alexanders I., hatte einen deutschen Elternteil und deutsche Großeltern und Urgroßeltern. Wie alle seine Brüder heiratete er eine deutsche Prinzessin, Charlotte von Preußen, die als Kaiserin Alexandra Fjodorowna den russischen Thron bestieg. Und diese beiden Elemente ergänzten sich im Peterhofer Schlößchen ›Cottage‹ aufs vollendetste.

Die Zarin haßte allen Pomp und damit auch das Große Schloß Peters I. Sie wünschte sich eine intime Umgebung, ein Nest für die Familie. Und so beauftragte Nikolaus seinen englischen Architekten Menelaws (1753–1831), ihr das ›Cottage‹ zu bauen. Aus der Ferne erinnert der Bau an ein Lebkuchenhäuschen. Beim Näherkommen entpuppt er sich als überladener Pavillon mit zahllosen Balkonen, Terrassen und farbigen Glasfenstern. Im Inneren triumphiert, wenn auch unbeabsichtigt und trotz des Hasses der russischen Dynastie auf die Königin von England, der viktorianische Geschmack. Das Haus ist vollgestopft mit Familienporträts, Büsten, Photographien, Souvenirs und anderem Plunder. Im Gegensatz zu Generationen von Zaren wollten Nikolaus I. und seine Gemahlin nicht Schönheit und Luxus, sondern Bequemlichkeit und, schlimmer noch, Gemütlichkeit. Im wesentlichen spielte sich das Leben im ›Cottage‹ wie in einer Familie der Mittelschicht zwischen Mami, Papi und den Kindern ab. Ein Protokoll existierte nicht; Einfachheit und Freundlichkeit herrschten in dieser familiären Umgebung. Peterhof war zu einem Refugium der Pensionäre und der Mittelschicht, der *datschniks* oder Datschabesitzer, geworden. Sogar der Zar selbst war in seinem ›Cottage‹ eine Art *datschnik*. Alles Zeremoniell war verfallen. So konnte es geschehen, daß die Großfürstin bei ihren Ausfahrten gelegentlich auf Soldaten der benachbarten Garnison stieß, die nackt im Kanal oder im Fluß badeten und beim Herannahen der kaiserlichen Kutschen, von Panik erfaßt, aus dem Wasser sprangen, in aller Eile ihre Mütze aufstülpten und in dieser sonderbaren Aufmachung mit tropfend nassem Haar salutierten.

Der Marquis de Custine ist für diese Zeit ein außergewöhnlicher Zeuge. Selbst Sproß einer großen französischen Familie, nach einem Skandal jedoch ins Exil abgeschoben, hat er uns ein äußerst lebendiges, aber keineswegs unkritisches Rußlandbild hinterlassen. Natürlich wollte er unbedingt auch das bei der Zarenfamilie so beliebte ›Cottage‹

Schlößchen ›Cottage‹, ein richtiges »Knusperhäuschen«, wie der hier
abgebildete Ausschnitt zeigt. Die Kaiserfamilie war mittlerweile dem Geist
nach zwar russisch, dem Blut nach jedoch hundertprozentig deutsch.

PETERHOF,
SCHLÖSSCHEN
›COTTAGE‹

OBEN: *Das auch auf dem Aquarell auf Seite 136 abgebildete große Arbeitszimmer.
Die Möbel wurden mittlerweile durch schwere neugotische Exemplare ersetzt;
Gesimsdekoration und Bilder dagegen wurden nicht verändert.*

RECHTS: *Die Treppe ins Obergeschoß des Schlößchens.
Die »gotische« Tapete mit den perspektivisch dargestellten
Säulen ist ein Meisterwerk ihrer Art.*

PETERHOF,
SCHLÖSSCHEN
›COTTAGE‹

besuchen, aber seine Bekannte und Führerin, Madame X, warnte ihn vor den nahezu unüberwindlichen Schwierigkeiten, auf die ein solches Vorhaben stoßen mußte, vor allem, solange die kaiserliche Familie hier residierte. So dehnte er seinen Aufenthalt aus, um die Abreise der ›Cottage‹-Bewohner abzuwarten und sich den Bau dann in aller Ruhe anschauen zu können. Eines Tages holte ihn Madame X um drei Viertel elf Uhr ab, um ihn durch das ›Cottage‹ zu führen, während das Kaiserpaar einen Spaziergang unternahm. Zitternd vor Aufregung traf Custine beim ›Cottage‹ ein, »einem kleinen Gebäude, das mitten im edlen Park von Peterhof in dem erbaut war«.

Das im Schatten hoher Bäume gelegene, von Blumen eingerahmte Haus erinnerte ihn an *cottages*, wie er sie in London in der Nähe von Twickenham an der Themse gesehen hatte. Von Madame X geführt, hatte er eben erst die Halle durchquert und das für seinen Geschmack allzu überzogene Mobiliar eines Salons besichtigt, als ein Diener zu seiner Führerin eilte, um ihr etwas ins Ohr zu flüstern. Offensichtlich schockiert, erklärte sie: »Die Zarin ist auf dem Weg hierher.« »Dann bleibt mir ja keine Zeit für alles übrige!« protestierte er betrübt. Da stand schon, ganz in Weiß gekleidet und verschleiert, Alexandra Fjodorowna (ehedem Charlotte von Preußen) vor ihm. Sich tief verneigend, küßte er ihr die Hand, und die ihm als hochmütig und ständig krank geschilderte Frau empfing ihn mit unvergleichlicher Anmut. »Ihr Blick war sanft und melancholisch.« Sie gab zu, ihren Spaziergang abgekürzt zu haben, da ihr Madame X von seinem Vorhaben berichtet und sie ihn um alles in der Welt habe kennenlernen wollen. Custine murmelte dankbar ein paar Worte. Dann kam die Kaiserin auf das ›Cottage‹ zu sprechen:

Die Farblithographie von J. Meyer zeigt das ›Cottage‹ an einem schönen Sommertag zur Zeit Nikolaus' I., als es als Kaiserresidenz diente. Der Zar fährt gerade in seinem langen Viersitzer vor.

134

Ich finde das Leben in Peterhof unerträglich. Alles starrt vor massivem Gold. Und deshalb habe ich den Zaren gebeten, mich mit dem Anblick zu verschonen und dieses Haus hier zu bauen. Doch jetzt, wo eine meiner Töchter verheiratet ist und meine Söhne in anderen Städten studieren, ist es zu groß für uns geworden.

PETERHOF, SCHLÖSSCHEN ›COTTAGE‹

Dieses bescheidene Häuschen war für die Besitzer der größten Paläste in der Welt zu groß: Custine freilich, der sich vom Charme der Kaiserin gefangennehmen ließ, nicht zuletzt wohl, weil die Aufmerksamkeit, die sie ihm schenkte, seinem Snobismus schmeichelte, war von diesem Geständnis ganz angetan.
Alexandra Fjodorowna beauftragte ihren ältesten Sohn, Custine das Haus von oben bis unten zu zeigen. So bekam er alles zu sehen, sogar die Schlafzimmer der Großfürstinnen, und mit der Neugier eines Voyeurs untersuchte er alles bis in alle Einzelheiten. Er fand die Einrichtung reich und elegant, vermißte jedoch Gegenstände oder Gemälde von wirklich künstlerischem Wert. Möglicherweise waren die wertvollen Meisterwerke aus dieser bescheidenen Umgebung entfernt worden. Trotzdem könne, schreibt er, ein wirklicher Kunstliebhaber nicht ohne Kunst leben. Das Hauptanliegen der Bewohner dieses Hauses sei sie offensichtlich nicht. Die Anwesenheit des Großfürsten schüchterte Custine ein. Aber obwohl er sich bemühte, sich nichts anmerken zu lassen, wußte er doch, daß Hoheiten nichts lästiger war. Der junge Erbe schien die Gefühle seines Besuchers zu erraten, denn plötzlich überließ er Madame X die Führung. Im Dachgeschoß, direkt unter der Traufe, lag das Arbeitszimmer von Nikolaus I.:

Blick auf das intime Peterhofer ›Cottage‹.

Salon der Zarin Alexandra Fjodorowna,
Aquarell aus dem 19. Jahrhundert. In diesem
trauten Heim fühlte sich die Zarin wohl.
Durch das Erkerfenster hatte sie eine
großartige Aussicht auf die Ostsee.

Das große Arbeitszimmer, Aquarell von E. G. Hau,
19. Jahrhundert. In der zweiten Hälfte des
19. Jahrhunderts übernahm die Zarenfamilie Mode
und Geschmack der deutschen Mittelschicht
und zog die behaglichen Proportionen des
›Cottage‹ ihren vornehmen Palästen vor.

Peterhof,
Schlösschen
›Cottage‹

PETERHOF,
SCHLÖSSCHEN
›COTTAGE‹

Eine relativ geräumige, sehr einfache Bibliothek, die auf der Meerseite auf einen Balkon hinausgeht. Von hier aus kann der Kaiser der Flotte Befehle erteilen, ohne seinen Wachtturm zu verlassen. Dafür stehen ein Fernglas, ein Sprachrohr und ein kleiner Telegraph bereit, den er selbst bedienen kann.

Ins Erdgeschoß zurückgekehrt, fand Custine die Kaiserin bei ihren geliebten Blumen. Er dankte ihr überschwenglich, was sie huldvoll zur Kenntnis nahm, küßte ihr die Hand, verbeugte sich, und die Visite war beendet.

Im Laufe des 19. Jahrhunderts entstanden auf dem riesigen Gelände von Peterhof für die zahlreichen Verwandten des Zaren Villen von der Größe gewaltiger Schlösser. Sein dritter Sohn, Großfürst Nikolaus, verbrachte seine Freizeit besonders gern in einem entzückenden Herrenhaus aus dem 18. Jahrhundert (das heute als Altersheim genutzt wird). Dafür baute er massive Stallungen im selben Stil, einen regelrechten Palast, der heute leer steht und als romantisches Relikt zwischen den Bäumen am Ufer eines dunklen Sees an die Vergangenheit erinnert. Eines der außergewöhnlichsten Häuser erhielt der Herzog von Leuchtenberg, ein angeheirateter Verwandter des Zaren: eine klassizistische Villa von Andrei Stakenschneider, die sich mit ihren Portiken, Atrien, Urnen, Dachterrassen und Teichen, lauter Charakteristika mittelmeerischer Landhäuser, unter dem niedrigen, drohenden Himmel des Baltikums reichlich exotisch ausnimmt.

Zwei Außenansichten des Palais des Großfürsten Nikolaus vor Petersburg:

OBEN: *Ein Blick auf die ausgedehnten Stallungen.*

UNTEN: *Ausschnitt der Palastfassade.*

Peterhof,
Schlösschen
›Cottage‹

PETERHOF,
SCHLÖSSCHEN
›COTTAGE‹

Zwei Ansichten des Palais des Fürsten von Leuchtenberg, heute eine ansprechende neugriechische Ruine, erbaut von Andrei Stakenschneider auf dem Grund von Peterhof. Das einzige Beispiel für eine Wiederbelebung der griechischen Architektur in Rußland.

Der Winterpalast unter Nikolaus I. und Alexander II.

Eines Abends im Dezember 1837 wurde Zar Nikolaus I. im Marientheater die Nachricht überbracht, daß der Winterpalast in Flammen stehe. Obwohl der Zar unverzüglich zum Schauplatz eilte, war der Palast bei seiner Ankunft bereits ein einziges, bis zum Himmel aufloderndes Flammenmeer. Dank des heroischen Einsatzes der Soldaten und der Feuerwehrmänner, von denen mehrere den Tod fanden, konnten zum Glück wenigstens die Kunstschätze, die Gemälde der Eremitage, gerettet werden. Das Innere aber war, als das Feuer schließlich gelöscht werden konnte, völlig ein Raub der Flammen geworden.
Doch Nikolaus I. war nicht so leicht zu entmutigen. Ohne Zeit zu verlieren, beauftragte er den Architekten Wassili Stassow, einen Schüler Wassili Baschenows, der bereits bei Oranienbaum, Peterhof und Zarskoje Selo mitgewirkt hatte, mit dem Wiederaufbau. Die Arbeiten wurden, wie bei den Russen üblich, die nie erwarten können, ein einmal begonnenes Werk zu vollenden, zügig in Angriff genommen. In einem einzigen Jahr wurden zwanzigtausend Rubel verbaut und der Bau selbst im Winter fortgesetzt. Beim schlimmsten Frost wurde auf Anordnung des Zaren das ganze Gebäude beheizt, um das Einfrieren der Baustoffe zu verhindern, und so erstrahlte der Winterpalast bereits nach zwei Jahren in neuer Pracht.
Nichts und niemand hätte Stassow gehindert, dem Palast seinen eigenen Stempel aufzudrücken. Doch als wahrhaft großer Geist und großer Architekt zollte er dem Werk seiner Vorgänger Respekt. Er restaurierte den größten Teil so, wie er vorher war. Die Jordantreppe, Rastrellis Große Kirche, Rossis Militärgalerie, die Alexander I. zur Erinnerung an den Krieg von 1812 einrichten und mit den vom Engländer George Dawe (1781–1829) gemalten Porträts der Helden hatte bestücken lassen, Auguste Richard de Montferrands (1786–1858) Kleiner Thronsaal, der von Rastrelli begonnene und von Quarenghi vollendete Sankt-Georg-Saal: alles wurde im früheren Zustand wiederhergestellt. Nur die prächtig verzierten Kachelöfen, die eine ständige Brandgefahr darstellten, ersetzte Stassow vorsichtshalber durch eine Warmluftheizung.
Wie seine Vorgänger hinterließ auch Nikolaus I. im Winterpalast seinen persönlichen Beitrag: den heute noch erhaltenen Pavillonsaal, ein Werk des Deutschen Andrei Stakenschneider, der zum Lieblingsarchitekten des Zaren aufstieg. Vom Hängegarten aus, der den gesamten Mitteltrakt der Kleinen Eremitage einnimmt, gelangt der Besucher in Stakenschneiders orientalisches Märchenland – eine unvergleichliche Symphonie aus Kristall und Marmor mit Springbrunnen, Mosaikböden und vergoldetem Zierat –, das ihn fort aus dem kalten Norden in weit freundlichere Gefilde entführt. Das Arbeitszimmer von Nikolaus I., sein zweiter persönlicher Beitrag, ist dagegen heute nicht mehr in

Die Prunktreppe im Winterpalast mit ihrem vergoldeten Zierat.

DER WINTERPALAST UNTER NIKOLAUS I. UND ALEXANDER II.

seinem ursprünglichen, für die strenge Persönlichkeit seines Bewohners so typischen Zustand erhalten: als Zimmer von bescheidenen Ausmaßen mit einer gewölbten Decke und Zweckmöbeln und – wie die Zelle eines Mönchs oder eines Soldaten – ohne jeden unnötigen Schmuck.

Im Gegensatz dazu wollte Nikolaus I. seine Frau Alexandra mit großem Luxus umgeben. Stassow und sein Schüler Alexander Brüllow (1798–1877) entwarfen für die Zarin ein Malachitzimmer als Privatsalon. Im vorigen Jahrhundert waren im Ural Lager dieses Halbedelsteins entdeckt worden, der seitdem zum Wahrzeichen der russischen Zarenfamilie und ihr Lieblingsgeschenk wurde. Wie große Vasen aus Sèvresporzellan auf Anhieb als Geber einen französischen Monarchen verrieten, so war ein riesiger Schmuckgegenstand aus Malachit unfehlbar ein Geschenk des Zaren.

Zu Lebzeiten Zarin Alexandras ertrank der Salon in Plüsch. Heute sind nur noch der Malachit und der vergoldete Zierat geblieben. Der grüne Stein findet sich an Säulen, Pilastern, einer riesigen, von vergoldeten Bronzefiguren getragenen Schale, an Lampenständern und Vasen. Alles übrige war mit Gold überzogen. Und als solch prächtige Komposition aus Grün und Gold ist der Raum bis zum heutigen Tag ein Symbol des Luxus der Zaren geblieben. Im Schlafzimmer der Zarin waren an den Wänden Schaukästen aufgereiht, die so groß wie normannische Kleiderschränke waren, in denen dem Brauch entsprechend ihre Juwelen ausgestellt waren. Jeder enthielt mehrere komplette Sets aus Diamanten, Smaragden, Rubinen, Saphiren, Türkisen und Perlen, denn noch nie zuvor war erlesener Schmuck so hoch im Kurs gestanden. Als beispielsweise Nikolaus' I. Schwester, Anna Pawlowna, die Königin von Holland, mit ansehen mußte, wie ihr Schmuck mit ihrem Palast in Flammen aufging, beeilte sich ihr Bruder, für sie Ersatz zu beschaffen. Im Winterpalast gab es noch einen Diamantensaal, der aber nur für hochrangige Besucher geöffnet wurde. Hier waren die vor Diamanten funkelnden Kronjuwelen, Kronen, Zepter, Ordensspangen und Reichsäpfel ausgestellt.

Auch Alexandra Fjodorownas Boudoir wurde von Alexander Brüllow restauriert und dann von Stakenschneider völlig umgestaltet und in einen in Rot und Gold erstrahlenden Rokokoraum im Geschmack des 19. Jahrhunderts verwandelt, der heute noch zu besichtigen ist. Eine Restauration in der früheren Form hätte bei der Zarin zu viele schmerzliche Erinnerungen geweckt. Den entsetzlichen 14. Dezember 1825 konnte sie ohnehin nie vergessen. Fast drei Wochen lang war das Reich ohne Zaren gewesen. Alexander war auf der fernen Krim gestorben – vielleicht auch nicht. Jedenfalls aber hatte Konstantin, sein unmittelbarer Nachfolger, seinen jüngeren Bruder Nikolaus für die Nachfolge vorgeschlagen, da er selbst nicht regieren wollte. Obwohl sich beide Brüder durchaus einig waren, herrschte ein unbeschreibliches politisches und konstitutionelles Chaos. Am 14. Dezember schließlich schien die Krise behoben; die Regierung war bereit, den Eid auf den neuen Kaiser Nikolaus I. zu schwören. Doch da trafen Gerüchte über einen unmittelbar bevorstehenden Militärputsch ein. Um elf Uhr versammelten sich Hof, Regierung und hohe Würdenträger im Palast zum feierlichen Te Deum. Und da platzte die schlimmste Nachricht mitten hinein: Die Regimenter begannen zu meutern, eins nach dem anderen. Kaiserin Alexandra schrieb:

> Es war gegen Mittag. Ich war allein im Zimmer, als Nikolaus hereinkam und sagte, ich müßte fort. Seiner Stimme konnte ich anhören, daß er schlechte Nachrichten bekommen hatte. Ich wußte, daß er nicht vorhatte, den Palast zu verlassen.

Detail der von Nikolaus I. neben dem Winterpalast als Museum für die kaiserlichen Sammlungen erbauten ›Neuen Eremitage‹, ein Werk des Architekten Leo von Klenze (1784–1864). Der Ausschnitt zeigt das berühmteste Element des Außenschmucks – eine der Statuen, die den Portikus tragen.

Ich war schockiert. Ich fuhr fort, mich anzukleiden, denn um zwei Uhr mußten wir für den Staatsakt und das Te Deum fertig sein. Plötzlich ging die Tür auf, und die Zarinwitwe kam ganz verstört herein. »Meine Liebe«, sagte sie, »es steht schlecht, sehr schlecht«. Totenbleich und unfähig, auch nur ein Wort herauszubringen, warf ich mir einen Schal über die Schultern und begleitete die Zarinwitwe zu ihrem kleinen Arbeitszimmer. Von dort aus konnten wir auf den Platz vor dem Palast hinunterschauen, der von Menschen wimmelte. Wir wußten nicht, was los war. Wir hatten nur gehört, daß das Moskauer Regiment geputscht hatte.

DER WINTERPALAST UNTER NIKOLAUS I. UND ALEXANDER II.

Nikolaus begann, den Palast auf Feindseligkeiten vorzubereiten. Die Wachen wurden in Alarmzustand versetzt, das große Tor geschlossen, Adjutanten und Offiziere nach allen Richtungen zu den Kasernen in der Stadt ausgeschickt. Auf dem Schloßplatz wuchs die Menge der Gaffer, die zum Te Deum gekommen waren, von Minute zu Minute an. Die rebellierenden Regimenter hatten sich vor dem Senat aufgebaut. Entgegen den flehentlichen Bitten seiner Frau und seiner Berater folgte Nikolaus seinen Instinkten, vertraute seine Familie dem Schutz der loyalen Soldaten der Preobraschenskigarde an und trat auf den Schloßplatz hinaus, wo ihn ein ungewöhnlicher Anblick erwartete. Mit ihrer Paradeuniform angetan, hatten die Aufrührer ein Rechteck gebildet und die riesige Menge der Gaffer eingeschlossen. Zwischen ihnen und Nikolaus erhob sich symbolträchtig das Standbild Peters des Großen von Falconet. Die Botschafter hatten sich nach vorn gedrängt, um ja nichts von dem Spektakel zu versäumen, doch Nikolaus schickte sie weg. »Das ist eine Familienangelegenheit, die nichts mit Europa zu tun hat«, erklärte er, und widerstandslos räumten die Diplomaten das Feld.

Immer neue aufrührerische Regimenter strömten auf den Schloßplatz, ein weiteres Viereck aus tausend Mann bildete sich. In diesem Augenblick tauchte der Erzbischof von Sankt Petersburg an der Spitze des Klerus auf, der heilige Ikonen mitbrachte. Er versuchte, die Rebellen zu ermahnen und zur Vernunft zu bringen, doch sie antworteten nur mit Beschimpfungen. Die Lage wurde immer bedrohlicher. Dennoch wollte Nikolaus keinen Schießbefehl erteilen. Russen durften keine Russen töten. Nicht ein einziges Mal verlor er den Kopf. Er zögerte. Schließlich ließ er vier Kanonen auf den Platz bringen. Zweimal erteilte er den Befehl zu feuern, zweimal widerrief er ihn. Plötzlich gingen die Gewehre der loyalen Regimenter los, niemand wußte, auf wessen Kommando. Auf der Stelle breitete sich Panik unter den Aufrührern aus. Innen im Palast fürchtete die Zarin, den Verstand zu verlieren.

Nach allem, was wir von den Truppenbewegungen sehen konnten, waren Schießereien im Gang. Ich wußte, daß das Leben, das mir am meisten am Herzen lag, in Gefahr schwebte. Wir glaubten, vor Angst sterben zu müssen. Ständig schickten wir Kundschafter hinaus, aber keiner kam zurück. Die wenigen Zeugen, die mitbekamen, was vor sich ging, hielten den Kaiser für zu geduldig. Zwar bewunderten sie seine Ruhe, seine Haltung und seine Sanftmut, gleichwohl wünschten sie, er würde sich schneller für ein energisches Eingreifen entscheiden und die Armee einsetzen, aber ich konnte so gut verstehen, was Nikolaus in seinem Herzen empfand. Als die erste Salve krachte, fiel ich auf die Knie. Ich hatte meinen kleinen Buben bei mir in meinem Arbeitszimmer und betete. Und wie ich betete: Noch nie in meinem ganzen

Der Malachit-Saal, ein Werk Wassili Stassows, der den Palast nach der Feuersbrunst von 1836 restaurierte. Der erst kurz vorher im Ural entdeckte Malachit wurde in diesem Saal zum dominierenden Element.

Der Winterpalast unter Nikolaus I. und Alexander II.

Leben hatte ich so gebetet. Zu erleben, daß russisches Blut von Russen vergossen wurde!

Erst gegen sechs Uhr abends, als die Rebellion niedergeschlagen war, kehrte Nikolaus in den Winterpalast zurück. Der Hof hatte die ganze Zeit über ohne eine genaue Vorstellung von den Vorgängen draußen in der Kirche auf das Te Deum gewartet. Nach Einbruch der Dunkelheit tauchte endlich auch das Kaiserpaar auf. Die Kaiserin hatte nicht mehr Zeit gehabt, sich umzukleiden. Inmitten der Galauniformen und glitzernden Hofkleider trug sie ein schlichtes Morgenkleid und klammerte sich fest an den Arm ihres Mannes.

Nikolaus konnte nicht verstehen, warum ihm jemand nach dem Leben trachten und das Regime stürzen wollte. Er ließ die Rebellen im Winterpalast vorführen, um dem Verhör selbst beizuwohnen, und griff auch oft persönlich ein. Diese entsetzlichen Sitzungen fanden paradoxerweise in der prächtigsten Umgebung der Welt statt: in der Eremitage zwischen Mahagonitüren mit Edelholzintarsien, Kaminen aus vergoldeter Bronze, gigantischen Vasen aus Lapislazuli, Porphyr, Jaspis und Malachit. Unter verzierten Deckengewölben, umgeben von Brokat und Seide, plädierten Männer, die für ihre Ideale alles aufs Spiel gesetzt hatten, für ihr Leben vor einem Zaren, der sie nicht verstehen wollte.

Zarin Alexandra Fjodorowna verstand, darin waren sich alle einig, glänzend Hof zu halten. Sie gab gern Gesellschaften und kannte ihre Leute gut. Sie vereinte Würde mit Leutseligkeit und hatte von ihrer Mutter, der unvergleichlichen Luise von Preußen, zwar nicht die Schönheit, aber doch die Anmut geerbt. Unter ihrer Ägide entfaltete das Leben am Zarenhof eine neue Brillanz. Alljährlich am 10. Januar wurde die Ballsaison eröffnet. Dieser erste Ball, im Gesellschaftsjargon der Zeit als »Waschtag« bezeichnet, zählte nicht zu den wirklich eleganten Ereignissen. Zu viele Leute mußten eingeladen werden: die ersten vier Ränge der »Tschins«, der vierzehn russischen Rang- und Beamtenklassen, die Mitglieder des kaiserlichen Haushalts bis hinunter zu den früheren Hofdamen und viele andere mehr. Sieben- bis achttausend Einladungen gingen hinaus. Und die ungewöhnlichsten Leute erschienen: Provinzler, die zu diesem Anlaß aus ihren fernen Distrikten anreisten, exzentrische Gouverneure, Staatsbeamte, die, wäre es nach den Snobs gegangen, einen vornehmen Salon nie hätten betreten dürfen. Um acht Uhr dreißig kamen die Gäste an. Der ganze Winterpalast war hell erleuchtet, das Innere erstrahlte in einem prächtigen Glanz. Hunderttausend Kerzen wurden für diese eine Nacht verbraucht. Rund um die Alexandersäule brannten Kohlebecken. Die Kutschen fuhren nacheinander im Schrittempo vor. An den verschiedenen Portalen (denn der Einlaß erfolgte je nach Rang an verschiedenen Eingängen) stiegen die Damen aus und trippelten auf Zehenspitzen, um sich im Schnee nicht die Schuhe naß zu machen. Pelze aller Art waren zu sehen: Zobel, Chinchilla und Nerz. Auf Kopfbedeckungen dagegen war dem kunstvoll arrangierten Diadem zuliebe verzichtet worden. Diener nahmen die Mäntel in Empfang, wickelten sie ein und steckten die Visitenkarte der Besitzer darauf. Dann stiegen die Gäste langsam die große, mit einem dicken roten Teppich ausgelegte Jordantreppe hinauf. Die Hofdamen trugen über einem weißen Satinrock ein dunkelrotes, dunkelblaues oder dunkelgrünes Samtkleid, eine mit Blumen und Gold- und Silberblättern bestickte Schleppe und im Haar den *Kakoschnik,* ein mit großen Edelsteinen übersätes Tuchdia-

Der Thronsaal, entworfen als Hommage an Peter den Großen, dessen Portrait vom Venezianer Nicolò Miconi (1650–1730) fünf Jahre nach des Zaren Tod gemalt wurde. Der Thron, der von Nicolas Clausen, einem nach London geflohenen französischen Protestanten, stammt, ist mit vergoldetem Silber und kaiserlichen, die Schmuckelemente der Decke wiederaufgreifenden Emblemen verziert.

dem. Alle hatten sich entweder mit dem kaiserlichen Monogramm aus Diamanten oder einem von Diamanten eingerahmten, an einem Band befestigten Bildnis des Kaisers geschmückt. Die berittene Garde war in rot-weiß-goldene Uniformen mit silbernem Brustharnisch und dem kaiserlichen Adler auf dem Helm gekleidet, die tscherkessische Garde des Kaisers in einen blauen Kaftan mit Reihen silberner Patronenhülsen; die Kosakenoffiziere, die Hosen in die schwarzen Stiefel gesteckt, trugen eine grüne Tunika mit weißem Seidengürtel, die Hofbeamten einen Gehrock mit breiter Goldschärpe. Ähnlich prächtig waren die Nationaltrachten einiger Ausländer: etwa die der ungarischen Gesandten Österreichs und der polnischen Magnaten.

Minute um Minute schwoll der Strom der Gäste an, der sich zwischen zwei Reihen rotuniformierter Kosaken und gigantischer Neger mit Turban, einem Geschenk des Negus, in den Palast ergoß. Dort wurden sie vom Oberzeremonienmeister in Empfang genommen, der sie in die verschiedenen Salons dirigierte. Plötzlich intonierte das Orchester einen ganz langsamen Marsch. Der Zeremonienmeister stieß seinen langen Ebenholzstab mit dem Elfenbeingriff dreimal auf den Boden. Die Abessinier öffneten die Türen zum Malachit-Salon, dem sich nun alle Augen zuwandten, und in denen die Zarenfamilie erschien: der Zar in Uniform, die Zarin in einem weißen Satinkleid mit der großen blauen Sankt-Andreas-Schärpe und so vielen Diamanten, daß sie wie ein einziger großer Stein funkelte, gefolgt von den Großfürstinnen, die mit fast ebenso vielen Edelsteinen geschmückt waren.

Der Ball wurde mit einer Hofpolonaise eröffnet, einer Art langsame Prozession um den Nikolaus-Saal, bei der der Zar der Frau des Doyen des diplomatischen Korps die Hand reichte. Dann folgte ein Walzer. Wenn eine der Großfürstinnen zu tanzen wünschte, ließ sie den Partner ihrer Wahl durch einen Hofbeamten auffordern. Lakaien boten Erfrischungen und Eis an. In den anstoßenden Räumen wurde der Champagner in riesigen Eisblöcken gekühlt. *Petits fours*, Kuchen und andere Leckereien, wahre Meisterwerke der berühmten Palastkonditoren, wurden gereicht. Zur vereinbarten Zeit bahnte der Zeremonienmeister den Majestäten einen Weg zum Speisezimmer. Obwohl es mitten im Winter war, wurden seltene und teure Frühjahrs- und Sommergemüse frisch von der Krim oder aus Südfrankreich serviert. Als höchster Ruhmestitel für den Ball wurde der Satz geprägt: »Meine Liebe, es gab genügend frischen Spargel für jedermann.« Und ein sarkastischer Kommentator fügte hinzu: »Vielleicht genügend Spargel, aber mit Sicherheit nicht genügend Raum für diese äußerst gemischte Gesellschaft. Das Gedränge war schlimmer, als man sich vorstellen konnte. Man konnte sich kaum rühren, geschweige denn sich amüsieren.«

Nach dem Essen führte der Zar die Zarin in den Nikolaus-Saal zurück, wo der Kotillon begann. Und während sich die Gäste im Tanz wiegten, entfernte sich das Zarenpaar in aller Stille; es hatte seine Pflicht getan.

Nun konnte die Zarin ihre Freunde empfangen. Das tat sie viermal im Winter, bei den sogenannten »Palmenbällen« im Konzertsaal des Winterpalastes. Für diese Anlässe wurden hundert Palmen aus den Gewächshäusern von Zarskoje Selo herangeschafft und in die Mitte der jeweils für zwölf Personen gedeckten Tafeln gestellt. Rund um den Stamm waren Rosen gelegt und um die Tafel der Zarin, an der sie die Großfürstinnen und Botschafter empfing, ein Beet aus Tulpen und Narzissen gestreut. Der Zar selbst nahm nicht Platz. Er ging von Tisch zu Tisch und unterhielt sich mit seinen Gästen. Überall aß er etwas Brot oder Früchte und nippte an einem Glas Champagner, damit jeder erzählen konnte, er habe mit dem Herrscher diniert. Diese prächtigen und eleganten Zusammenkünfte und Treffen in einer verzauberten, unzugänglichen Welt, bildeten den Höhepunkt äußerst verfeinerter Geselligkeiten.

Die Zarin trat bei diesen Bällen nur noch selten in Erscheinung. Meist wurde Alexandra Fjodorowna von ihrer Nachfolgerin, Maria Alexandrowna, vertreten. Schon als Thronerbe hatte sich Alexander II. bei einem Besuch in Darmstadt wahnsinnig in die junge hessische Prinzessin verliebt und trotz ihrer etwas zweifelhaften Abstammung hatte er den Einwänden seiner Eltern nicht nachgegeben, bis sie seine Frau wurde. Maria Alexandrowna aber war weder bei den Mitgliedern des Herrscherhauses noch bei der russischen Gesellschaft beliebt. Sie galt als kühl und allzu protokollgläubig, ja kleinlich bis in Details. Den Tod ihres ältesten Sohnes Nikolaus im Alter von zweiundzwanzig Jahren bei einem Reitunfall konnte sie nie verwinden. Gegen Ende ihres Lebens litt sie an Tuberkulose. Die Luft in ihren Privatgemächern mußte mit Sauerstoff angereichert werden, was bei ihren Hofdamen heftige Migräne hervorrief. Letztlich war Alexandra Fjodorowna eine zutiefst unglückliche Frau, da ihr Mann, wie ganz Rußland wußte, längst eine andere liebte.

Fürstin Katharina Dolgoruki, von ihren Freunden Katja genannt, war ein hinreißendes junges Mädchen, das gerade das Smolny-Institut, die Erziehungsanstalt für Adelstöchter, absolviert hatte. Eines Tages, als sie den Sommergarten durchquerte, lief sie Alexander II. über den Weg, der, gefolgt von seinem Adjutanten, seinen täglichen Spaziergang machte. Da er das junge Mädchen von Kindesbeinen an kannte, wunderte sich niemand, daß er es grüßte, wohl aber, daß er es in eine ruhige Allee zog. Danach trafen sie sich oft wieder, aber Katja wollte sich nicht binden. Nach und nach jedoch änderte sie ihre Meinung. Eines Tages erschien ihr Alexander so unglücklich, so allein, daß sie ihn nicht gehen lassen wollte. Und beim nächsten Mal spürte sie einen Stich in der Brust. Da wußte sie, wie sie später selber erzählte, daß sich ihr Herz gewandelt hatte. Ihre Kapitulation stand bevor. Sie erfolgte im Juli 1866, als der Hof in Peterhof war, in einem Pavillon des Belvedere. Der Zar versprach ihr, sie, so bald er könne, zu heiraten, und eine leidenschaftliche Liaison entwickelte sich, die durch die Geburt von drei Kindern gekrönt wurde. Alexander machte längst kein Hehl mehr aus seiner Leidenschaft, und die sterbende Zarin konnte die Bastarde ihrer Rivalin im Zimmer darüber herumtoben hören. Als sie schließlich starb, machte Alexander II. sein Versprechen auf der Stelle wahr und heiratete die zur Fürstin Juriewskaja erhobene Katja. Und da Glück ansteckend wirkt, bereitete er eine Verfassung vor, durch die das Russische Reich Schritt für Schritt von der absoluten in eine parlamentarische Monarchie überführt werden sollte. So stand in der besten aller möglichen Welten alles zum besten, als eines Tages, am Sonntag, dem 1. März 1881, sein Lieblingsenkel, der künftige Nikolaus II., geholt wurde.

Er selbst schreibt:

> Mein Bruder und ich saßen gerade im Anitschkow-Palais beim Mittagessen, als ein aufgeregter Diener hereinstürzte, um uns mitzuteilen, daß den Zaren ein Unglück ereilt habe: »Der Zarewitsch (Alexander III.) befiehlt dem Großfürsten Nikolaus Alexandrowitsch, sofort in den Winterpalast zu kommen. Er soll das erstbeste Transportmittel nehmen, ohne Zeit zu verlieren.« General Danilow und wir eilten die Treppe hinunter und sprangen in eine Hofkutsche, die auf irgend jemanden wartete. Mit höchster Geschwindigkeit fuhren wir den Newski-Prospekt zum Winterpalast hinunter. Auf der Treppe begegneten uns überall blasse Gesichter. Auf dem Teppich waren rote Flecken. Mein Großvater blutete aus schrecklichen Wunden, als er die Treppe hinaufgetragen wurde.

Ein Nihilist hatte versucht, ihn zu ermorden, und eine Bombe auf den Wagen des Zaren geworfen.

> In seinem Arbeitszimmer fand ich meine Eltern; meine Onkel und Tanten standen am Fenster. Niemand sprach ein Wort. Mein Großvater lag auf dem schmalen Feldbett, auf dem er immer schlief. Er war mit dem Militärmantel zugedeckt, den er als Morgenrock benutzte. Sein Gesicht war totenbleich und von kleinen Wunden übersät. Seine Augen waren geschlossen. Mein Vater führte mich ans

Bett. »Papa«, sagte er und hob die Stimme, »dein Sonnenschein ist da.« Ein Augenlid zuckte, dann öffneten sich die blauen Augen, und Großvater versuchte zu lächeln.

In diesem Augenblick kam Katja halb angezogen ins Zimmer gestürzt und warf sich über das Bett ihres Geliebten, küßte ihm die Hände und schrie: »Sascha, Sascha!« Es war unerträglich. Die Großfürstinnen brachen in Tränen aus. »Ruhe«, rief eine Stimme, »das Ende ist nah.« Der Hofgeistliche versah Alexander mit den Sterbesakramenten. Der starre Blick des Zaren umwölkte sich. »Der Kaiser ist gestorben«, rief der Hofmedikus. Fürstin Juriewskaja stieß einen einzigen Schrei aus und fiel wie ein gefällter Baum zu Boden. Ihr rosa-weißes Negligé war blutdurchtränkt. Zwei Wachen trugen sie in ihr Gemach, während die Ärzte begannen, die Leiche Alexanders II. anzukleiden.

Detail der Fassade des Winterpalastes mit dem Wachtturm, von dem aus Botschaften gesendet werden konnten.

Strelna

Alexanders II. tragischer Tod stürzte seinen Bruder, Großfürst Konstantin, in Ungnade, weil er den Zaren zu liberalen Reformen gedrängt hatte. Der neue Zar, Alexander III., war durch und durch konservativ und gab seinem Onkel von Anfang an zu verstehen, daß er sich nicht in Staatsangelegenheiten einmischen solle und auch in der Hauptstadt nichts zu suchen habe. Mehr oder weniger zwangsweise exiliert, zog sich der Onkel aufs Land zurück, wo er außer dem Palast in Pawlowsk noch das Schloß in Strelna besaß, in dem er einen Großteil seiner Zeit verbrachte. Dieser Bau war 1711 vom französischen Architekten Alexandre Le Blond im Auftrag Peters des Großen an der Straße zwischen der Hauptstadt und Peterhof errichtet worden. Während Großfürst Konstantin das Äußere bestehen ließ, gestaltete er das Innere fast gänzlich im Geschmack

Aquarell aus dem 19. Jahrhundert. Zu dieser Zeit gehörte der Palast Großfürst KonstantinNikolajewitsch, dem Bruder Alexanders II.

Blick auf die Fassade des Palastes, der 1711 von Alexandre Le Blond für Peter den Großen erbaut wurde, und den bis zur Ostsee reichenden Garten.

des 19. Jahrhunderts um. Er war von seinem Bruder Alexander II. zum Vizekönig von Polen ernannt worden, wo er dank seines Liberalismus und seiner Großzügigkeit zumindest toleriert, wenn schon nicht geliebt wurde. Die neue Wendung jedoch verdüsterte sein Wesen und stürzte ihn in Grübelei über den fehlgeschlagenen Traum. Seine Frau, Prinzessin Alexandra von Sachsen-Altenburg, eine berühmte Schönheit, schlief aus Eitelkeit sogar noch in hohem Alter mit Korsett, um sich ihre schlanke Taille zu erhalten und ließ als Geschenk für ihre Freunde elfenbeinerne Papiermesser in Form ihres zierlichen Fußes anfertigen.

Eine ihrer Töchter, Olga, wurde Königin von Griechenland und einer ihrer Söhne, Konstantin Konstantinowitsch, ein bekannter Schriftsteller. Er übersetzte Shakespeare ins Russische und hinterließ zahlreiche Gedichte und mehrere Dramen, darunter den *König von Judäa*, der ein großer Erfolg wurde. Schließlich ging er sogar selbst zum Theater. Er starb 1915 während des Ersten Weltkriegs, und seine feierliche Beisetzung sollte die letzte große Zeremonie am Zarenhof vor der Revolution sein.

Strelna war ein luxuriös ausgestatteter Landsitz mit vielen russischen, aber auch einigen sehr guten italienischen und flämischen Gemälden, darunter einem Salvator Rosa und einem Philips Wouwerman. Besonders prächtig waren der spiegelverkleidete Ballsaal, und seine verzierte Decke mit den zahlreichen schönen Kronleuchtern. Im Garten konnte man über den Rasen und über baumbestandene Kanäle bis zum Finnischen Meerbusen sehen. Heute kann der Passant von der Straße nach Peterhof durch das Gewirr hochgeschossener Bäume einen Blick auf das große gelb-weiße Gerippe des frisch gestrichenen Palastes werfen.

STRELNA

Marinski-Palais

Von allen seinen Kindern mochte Nikolaus I. seine älteste Tochter, Großfürstin Maria Nikolajewna, am liebsten. Er beauftragte seinen Lieblingsarchitekten Stakenschneider damit, für sie einen Palast zu erbauen. 1844 machte sich der Architekt, der auch etliche andere Paläste, die wir noch besuchen wollen, erbaute, ans Werk und errichtete gegenüber der neuen Sankt-Isaaks-Kathedrale eine gewaltige Residenz im damals beliebten Empire-Stil. Vor dem Palais ließ er eine Bronzestatue Nikolaus' I. in Rüstung und Helm auf einem sich aufbäumenden Pferd aufstellen und auf dem Sockel die Tugenden des Zaren durch Bronzeschönheiten symbolisieren, die die Gesichter seiner Frau und seiner vier Töchter trugen.

Maria Nikolajewna heiratete den Herzog von Leuchtenberg, einen Mann mit einer interessanten Vergangenheit. Seine Großmutter, Kaiserin Josephine, hatte in die Ehe mit Napoleon zwei Kinder aus erster Ehe mitgebracht. Eines von ihnen war Eugène, der von Napoleon zum Vizekönig von Italien ernannt wurde. Eugène wurde durch die Heirat mit der Tochter des Königs von Bayern nicht nur Herzog von Leuchtenberg, sondern auch zum einzigen Mitglied der kaiserlichen Familie, das dank der schützenden Hand des bayerischen Königs den Sturz des französischen Kaisers überlebte. Der nächste Herzog von Leuchtenberg heiratete Maria Nikolajewna, die Tochter des Zaren, und zog nach Rußland, da sich Nikolaus nicht von seinem Liebling trennen wollte. So wurde er – ein zweiter unvermuteter Glücksfall – samt seinen Nachkommen Teil der russischen Zarenfamilie. Als die Revolution von 1917 die Zaren abschaffte, erinnerten sich die Leuchtenbergs, die ja nicht nur eine Karte in der Hand hatten, wieder an ihre bayerischen Besitzungen und entkamen dem Unglück ein drittes Mal. Nikolaus erfuhr nie, daß sich seine Lieblingstochter nach dem Tod ihres Mannes in einen Grafen Stroganow verliebte, geschweige denn, daß sie die unvorstellbare Kühnheit besaß, ihn heimlich zu heiraten. Nach ihrem Tod wurde ihr Palais zum Sitz des Kaiserlichen Rats, der höchsten Körperschaft im zaristischen Rußland. Heute sitzt im Palast der Petersburger Stadtrat.

Von der Innenausstattung ist vieles in seiner alten Pracht erhalten geblieben: das monumentale Treppenhaus, die zentrale Rotunde mit ihren Säulenreihen und der als Wintergarten geplanten Verlängerung, der auf den Marinski-Platz hinausgehende Rote Salon mit seinen reichverzierten, mit seltenen Metallen eingelegten Türen, die Privatgemächer der Großfürstin Maria, denen, obwohl ihrer Möbel beraubt, immer noch etwas sehr Persönliches anhaftet, und schließlich, schon fast unter der Traufe, ihre unlängst restaurierte Privatkapelle mit den pseudobyzantinischen Fresken, ein Werk des Fürsten Gagarin.

Der Rote Salon, der prächtigste Raum des Palais. Berühmt sind seine Türen, die kunstvollsten aller russischen Paläste. Aus Mahagoniholz angefertigt, sind sie mit ihren Elfenbein-, Perlmutt- und Edelmetallintarsien eher das Werk eines Juweliers als eines Tischlers.

GANZ OBEN: *Ausschnitt aus der unlängst restaurierten Kapelle im Obergeschoß des Palastes.*

OBEN: *Die Farblithographie aus dem 19. Jahrhundert zeigt den Palast so, wie er von Nikolaus I. für seine Lieblingstochter Maria, Herzogin von Leuchtenberg, erbaut wurde.*

RECHTS: *Die durch eine Glasdecke beleuchtete Rotunde – eines der Meisterwerke des Architekten Andrei Stakenschneider.*

ÜBERNÄCHSTE SEITEN: *Rotunde, Detail der Dekoration in der zarten pompejanischen Mode, die sich in Rußland bis zur Mitte des 19. Jahrhunderts behauptete.*

Nikolaus-Palais

Petersburg dehnte sich aus, neue Vororte entstanden vor allem westlich der Admiralität. Hier vollendete Andrei Stakenschneider 1862 eine große, für den Großfürsten Nikolaus Nikolajewitsch, den dritten Sohn von Nikolaus I., bestimmte Residenz. Seinen eigenen Neigungen entsprechend entschied sich der Architekt gegen den ihm vorher aufgezwungenen Klassizismus und baute im überschwenglich verzierten italienischen Stil.

Großfürst Nikolaus war ein sehr schöner Mann, den viele, »obwohl er sich selber für klug hielt« für »unaussprechlich dumm« hielten. Seine Stunde schlug im Krimkrieg und mehr noch im Russisch-Türkischen Krieg von 1877, als dem bei der Armee beliebten Soldaten das Oberkommando übertragen wurde. Nach dem Tod seines Bruders Alexanders II. wurde er jedoch kurzerhand abgesetzt, da sein Neffe Alexander III. Anstoß an seinem Privatleben nahm. Nikolaus, verheiratet mit einer Prinzessin Oldenburg, führte in Wirklichkeit ein Doppelleben mit zwei Frauen. Seit Jahren liebte er Jekaterina Schislowa, mit der er mehrere Kinder hatte. Die Ansprüche der Dame und der Geiz seines Vaters hatten ihn finanziell fast ruiniert, so daß er das Stakenschneidersche Palais verkaufen und sich auf die Krim zurückziehen mußte. Dort wartete er auf den Tod seiner Frau, um seine Geliebte heiraten zu können. Doch wie es in solchen Fällen nicht selten zu gehen pflegt, starb zuerst die Geliebte, seine eigene Frau überlebte ihn selbst.

Verschiedene Prunkgemächer des Palastes sind in ihrer ursprünglichen Ausstattung erhalten, vor allem die Eingangshalle mit der säulengesäumten Marmortreppe, einige Rokokosalons aus der Mitte des 19. Jahrhunderts und ein Maurisches Boudoir. Heute ist das großfürstliche Palais ein »Palast der Arbeit«, und das prächtige Stakenschneider-Dekor bildet den Rahmen für eine Ausstellung von Gewerkschaftsgeschenken aus aller Welt an die Brüder in Rußland – eine Sammlung, wie sie sich häßlicher kaum denken läßt.

Nikolaus' Enkel gleichen Namens, das berühmteste Mitglied dieses Familienzweigs, war zu Beginn des Ersten Weltkriegs ein recht erfolgreicher Oberbefehlshaber der kaiserlichen Armeen. Er errichtete sich einen Palast in der Nähe der bescheidenen Wohnstatt seines Vorfahren Peters des Großen, des Gründers von Sankt Petersburg – einen imposanten, von einer gewaltigen grünen Bronzekuppel gekrönten Bau, der später in den Besitz der Öffentlichkeit übergehen sollte und in ein Hochzeitshaus umfunktioniert wurde.

Ein weiteres Beispiel für den italienisierten Stil von Stakenschneider: das für den Großfürsten Nikolaus, den Sohn Nikolaus' I., erbaute Palais.

GANZ OBEN: *Das Nikolaus-Palais des Großfürsten Nikolaus Nikolajewitsch wurde in einem neuerschlossenen Distrikt im Westen von Sankt Petersburg erbaut.*

OBEN: *Intarsie aus der Holzvertäfelung im Maurischen Rauchzimmer. Wie in anderen Teilen Europas üblich, zogen sich die Herren auch in Rußland zum Rauchen aus der Gesellschaft zurück.*

LINKS: *Mit seiner doppelläufigen Treppe, seinen Säulenreihen und den vielen verschiedenen Marmorsorten stellt das weiträumige Treppenhaus zweifelsohne das prunkvollste Element des Palastes dar.*

Das neue Michael-Palais

Am Winterkai, an dem der Palast gleichen Namens und viele andere prächtige Paläste liegen, besaß die Krone gegenüber der Peter-Pauls-Festung auf dem Land, das sie dem Grafen Tscheremetiew abgekauft hatte, mehrere Gebäude. Wieder war es Andrei Stakenschneider, der sie 1863 in seinem unnachahmlichen Stil zu einem Palais für den Großfürsten Michael Nikolajewitsch, den vierten Sohn Nikolaus' I., zusammenschloß.

In einem undefinierbaren italienischen oder florentinischen Stil gehalten, ist der Palast innen wie außen das eindrucksvollste Beispiel für die Vorliebe des deutschen Architekten für prächtige Bauten. Mit seinem Übermaß an Schmuck und vergoldetem Zierat mag er in den Augen einiger schon kitschig wirken. Überall stößt man auf Säulen, Stuck und Marmor, und dazu dürften damals wohl noch Wandbespannungen aus spanischem Leder, Parkettböden aus seltenen Edelhölzern und stark vergoldete Möbel gekommen sein. Nach dem Urteil einer der Großfürstinnen, die hier lebten, war alles »ziemlich viktorianisch und steif«.

Der Palast war so weitläufig, daß Sergei Michailowitsch, einer der Söhne des Hauses, durch die Zimmer zu radeln pflegte, wenn er seiner Schwägerin einen Besuch abstatten wollte. Nachdem Großfürst Michael zum Gouverneur im Kaukasus ernannt worden war, übersiedelte er sofort in diese äußerst malerische und noch wilde Gegend. In den neunzehn Jahren, die er sich hier aufhielt, nahm er die einheimischen Sitten und Gebräuche an und konnte diese zutiefst unabhängige Provinz dank unermüdlicher Bemühungen schließlich dem Reich eingliedern. Er liebte seine Frau, die Großfürstin Olga Fjodorowna, eine geborene Prinzessin von Baden, eine intelligente, nüchterne und kritische, vor allem aber äußerst autoritäre Frau, von Herzen. Als sie erfuhr, daß ihr Sohn Michael heimlich – also offensichtlich ohne ihre Zustimmung – eine nicht standesgemäße Frau geheiratet hatte, erlitt sie einen Herzanfall und starb in einem Provinzkrankenhaus.

Großfürst Michaels Söhne waren respektlos, liberal und offen. Nikolaus wurde Historiker. Als er während der Revolution ins Gefängnis geworfen wurde, verwandte sich Gorki bei Lenin persönlich für ihn. Der aber antwortete: »Die Revolution braucht keine Historiker.« Und so wurde Nikolaus, wie so viele aus seiner Familie, erschossen.

Diese Residenz am Ufer der Newa wurde von Andrei Stakenschneider in seinem charakteristischen italienisierten Stil für den jüngsten Sohn Nikolaus' I., den Großfürsten Michael, entworfen.

Gatschina-Palais

Nach der Ermordung Alexanders II. wollte man in Anbetracht der in Rußland wie in ganz Europa überall auftauchenden Anarchisten und Nihilisten die Residenz des Zaren aus der Hauptstadt hinausverlegen. Die Frage war nur, wohin? Der Zar haßte Zarskoje Selo, da er hier die zehnjährige Herrschaft der Fürstin Juriewskaja, der Geliebten seines Vaters, hatte erdulden müssen. Peterhof war im Winter unbewohnbar. So fiel die Wahl auf Gatschina, einen 80 Kilometer südlich von Sankt Petersburg gelegenen und auch sonst recht abgelegenen, das heißt leichter zu schützenden Palast.
1766 war Antonio Rinaldi von Katharina II. mit dem Bau eines Landsitzes für ihren Geliebten Grigori Orlow beauftragt worden. Nach seinem Tod hatte die Zarin den Palast zurückerworben und ihrem Sohn Paul I. geschenkt, der ihn beträchtlich »verbessert« hatte. Nun bestand das Palais aus zwei kolossalen quadratischen Flügeln, die durch mehrgeschossige geschwungene Galerien mit dem gewaltigen, von Ecktürmen eingefaßten Haupttrakt verbunden waren, und enthielt neunhundert Räume. Gatschina war Pauls Lieblingsresidenz gewesen, wo er sich in all den langen Jahren vergnügt hatte, in denen ihn seine Mutter von der Macht, der Hauptstadt und von sich selbst ferngehalten hatte. Die Zeitgenossen hatten denn auch den Hof in Gatschina und den in Zarskoje Selo als Gegensätze empfunden.
Von außen gleicht der Palast einem Kasernenkomplex, was Paul natürlich angesprochen hatte. Der Anblick der strengen Gebäude, deren hochmütige Fassade sich vor einem weiten offenen Raum über Hunderte von Metern erstreckt, wirkt einschüchternd. Im Gegensatz dazu war das Innere prächtig ausgestaltet. Rinaldi hatte sich noch um die kleinsten Kleinigkeiten gekümmert, und Paul hatte seinen Lieblingsarchitekten Vincenzo Brenna mit der Vollendung des Dekors beauftragt. Als Alexander III. seinen künftigen Wohnsitz in Augenschein nahm, fand er das *piano nobile* viel zu groß. Die Salons hätten ganze Regimenter fassen können, und die Decken waren so hoch, daß keine intime Atmosphäre entstehen konnte. Daneben gab es noch das früher für das Dienstpersonal reservierte Zwischengeschoß. Dort hatten sich die Architekten für das andere Extrem entschieden und die Räume so niedrig gehalten, daß der Zar, ein sehr großer Mann, die Decke mit erhobenem Arm berühren konnte. Trotzdem zog seine Frau, Maria Fjodorowna, den grandiosen und tristen Prunkgemächern die kleinen Räumlichkeiten vor, deren bescheidene Proportionen sie an ihr Heimatland Dänemark erinnerten. Nur ihre zweite Tochter bewohnte das Obergeschoß, da sich die englische Gouvernante, Mrs. Franklyn, weigerte, das Kind in einer engen, schlecht belüfteten Umgebung aufzuziehen. Deshalb wurde ein riesiger Salon, dessen Tapeten mit Bibelszenen gemustert waren, als Kinderzimmer eingerichtet. Mrs. Franklyn hatte den Charakter eines Grenadiers, da sie groß war und ihre Meinung ungeschminkt zu äußern pflegte. Als eines Tages ein

Einer der reizenden Pavillons in dem mit Seen, Flüssen und Inseln recht abwechslungsreich gestalteten Landschaftspark von Gatschina.

Gatschina-Palais

Blick auf die Fassade von Gatschina. Dem von Antonio Rinaldi, dem Lieblingsarchitekten Katharinas II., für ihren Liebhaber Grigorowitsch Orlow erbauten riesigen Palast mit sechshundert Räumen haftet etwas Eisiges an.

GATSCHINA-PALAIS besonders cholerischer alter General auf der Palastterrasse einen Wachposten abkanzelte, öffnete sie das Fenster und schrie mit Stentorstimme: »Weniger laut, General, wenn's beliebt, weniger laut.« Der alte Haudegen hob den Kopf und brach mitten im Satz ab.

In Gatschina waren fünftausend Angestellte beschäftigt, denn das Besitztum bestand nicht nur aus dem Palast und den Stallungen, sondern auch aus Bauernhöfen, Gärten und Werkstätten. Alle Angestellten waren sorgfältig ausgewählt worden, zum größten Teil aus Familien, die den Romanows bereits seit Generationen dienten. Die Familienmitglieder kannten sie alle mit Namen. »Sie waren Freunde für uns«, erinnerte sich Mrs. Franklyns Zögling, die Großfürstin Olga.

Alexander III. hatte einen spartanischen Geschmack. Er stand um sieben Uhr morgens allein auf, wusch sich mit kaltem Wasser, kleidete sich ohne die Hilfe eines Kammerdieners in Bauernkleider, brühte sich einen Filterkaffee auf, häufte sich Zwieback auf einen Teller und setzte sich nach dem frugalen Imbiß an den Schreibtisch, um mit der Arbeit zu beginnen. Er wollte niemanden stören und klingelte auch nach niemandem. Später schloß sich ihm die Zarin an. Zwei Diener brachten einen kleinen Tisch herein, und gemeinsam nahm das Ehepaar das Frühstück ein, das aus Butterbroten und gekochten Eiern bestand.

Alexander III. war eine Hüne mit herkulischen Kräften. Er verbog Hufeisen oder Silbertabletts und zerriß einen Pack Karten, als wäre es ein Blatt Papier. Er war ein geradliniger, ehrlicher Charakter, konservativ mit relativ geradlinigen Ideen. Im Gegensatz zu seinem Vorgänger betete er seine Frau an, und anders als seine Umgebung, die den Palast unwohnlich und das Leben hier äußerst langweilig fand, liebte er Gatschina. Diese ruhige, bürgerliche Existenz war ganz nach dem Geschmack des Zarenpaars. Der Kaiser empfing Minister, die er zum Mittagessen einlud, und hochrangige Offiziere und Beamte, die jedoch nicht an der kaiserlichen Tafel sitzen durften.

Das Abendessen fand im intimen Kreis statt. Etwa eine Stunde verbrachte Alexander III. plaudernd und rauchend mit seiner Frau. Dann kehrte er wieder in sein Arbeitszimmer zurück und arbeitete bis nach Mitternacht. Wurde das Zarenpaar zu einer offiziellen Zeremonie nach Sankt Petersburg gerufen, nahm es den Zug, da es nur für einen Tag blieb. Dieser Zug bestand aus ziemlich alten, mit rosa Damast ausgeschlagenen Waggons mit viel Plüsch, Spitzen und Kordeln. Die Sessel waren in großem Abstand voneinander am Boden festgeschraubt und dem Bericht eines Reisenden zufolge, der sie häufig benutzte, unerträglich unbequem.

Trotz aller Liebe zur Einfachheit aber wurden die Mitglieder der Zarenfamilie auf Schritt und Tritt vom Zeremoniell begleitet. So traten die Lehrer, mit sämtlichen Auszeichnungen dekoriert, in Gala zum Unterricht der Großfürsten und Großfürstinnen an, und sogar der amerikanische Zahnarzt durfte den Zarenkindern nur mit zurückgesteckten Rockschößen und aufgekrempelten Ärmeln, die Brust voll imposanter Orden, in den Mund schauen.

Die Familienmahlzeiten wurden in einem äußerst geräumigen Badezimmer eingenommen – nicht irgendeinem Badezimmer natürlich, schließlich hatte es der Zarin Alexandra, der Gemahlin Nikolaus' I., gehört. Alexander III. und seine Frau liebten diesen Raum, der auf einen Rosengarten hinausging und von Maria Fjodorowna mit Azaleen geschmückt worden war. Trotz der zahllosen Delikatessen, die die Küche servierte, standen die Romanow-Kinder fast immer hungrig vom Tisch auf. Wegen ihres Alters stets ans untere Ende der Tafel verwiesen, wurde ihnen immer erst serviert, wenn der Zar und seine Gäste schon fast fertig waren, so daß ihnen kaum Zeit blieb, zu kosten, was auf dem Teller lag, ehe er ihnen wieder weggerissen wurde.

Dafür hatten sie im Souterrain das schönste Spielzimmer, das man sich denken konnte, einen von Säulen durchsetzten Raum mit gewölbter Decke, in dem sich Spielzeug aus aller Welt türmte: Puppenhäuser, wie sie noch kein menschliches Auge erblickt hat, vor allem aber eine elektrische Eisenbahn mit langen Gleisen, unzähligen Lokomotiven,

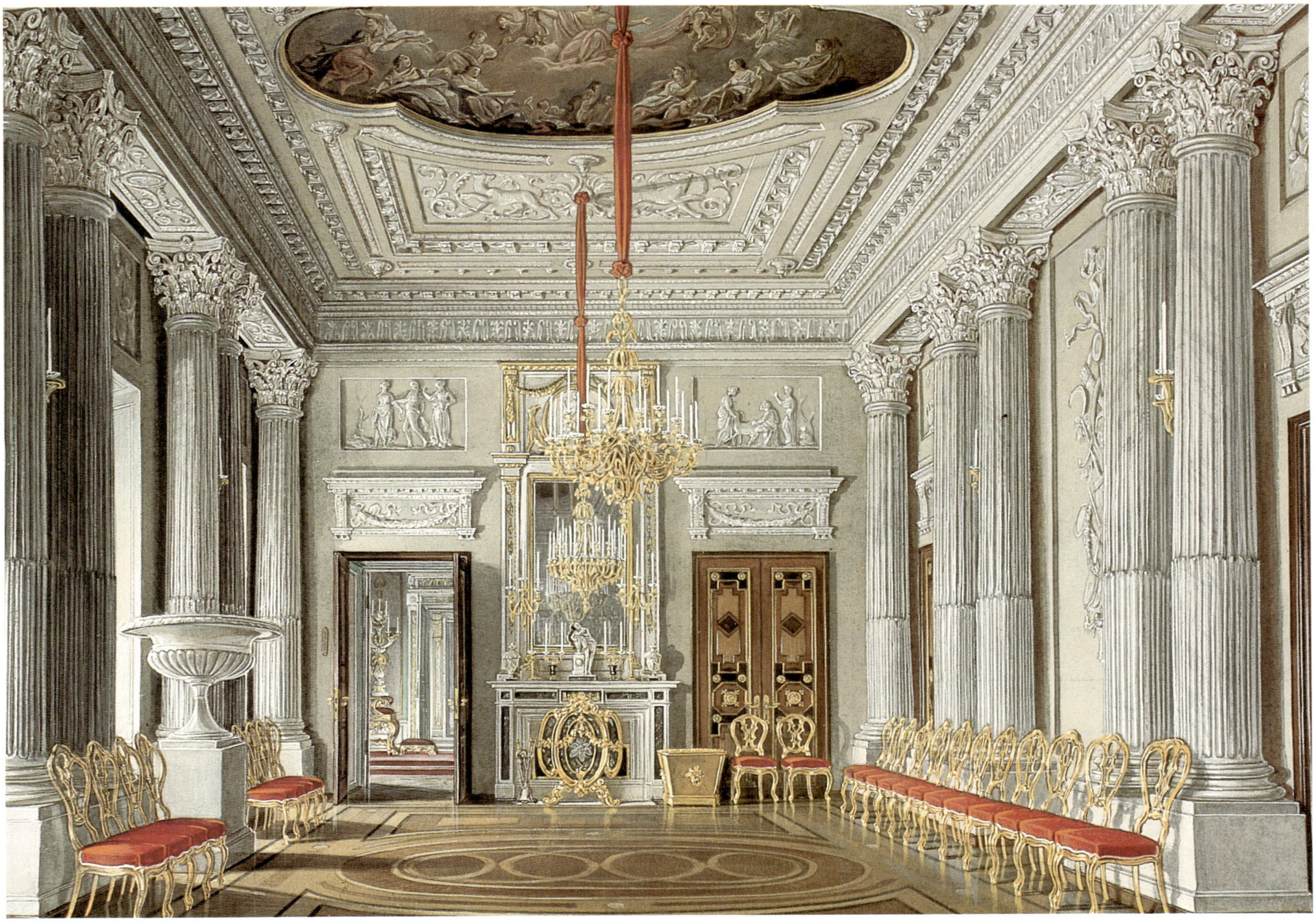

Der Marmorne Speisesaal, Aquarell von E. G. Hau, 1880. Unter Alexander III. nahm die Zarenfamilie ihre Mahlzeiten im ehemaligen Badezimmer der Kaiserin Alexandra Fjodorowna ein, einem nichtsdestotrotz sehr reizvollen Raum mit einem schönen Blick über den Rosengarten.

Der Weiße Saal, Aquarell von E. G. Hau, 1880. Dank der Restaurationsarbeiten an dem im Zweiten Weltkrieg beschädigten Schloß erstrahlt der Weiße Saal heute wieder in gleicher Pracht wie zur Zeit des Fürsten Orlow.

RECHTS: *Schlafgemach der Kaiserin Alexandra Fjodorowna, Aquarell von E. G. Hau, 1880. Die gewölbte Decke steigert noch den Eindruck der Enge und Bedrängtheit in dem mit Möbeln, Ziergegenständen, Polstern und Plüsch überladenen Raum.*

Waggons, Bahnhöfen und Männchen, mit der den Kindern nie langweilig wurde. Wie alle Kinder waren sie stets zu Streichen aufgelegt und trieben sich am liebsten an verbotenen Orten herum. So spielten sie in der Chinesischen Galerie, wo wertvolle Porzellan- und Jadeobjekte ausgestellt waren, Verstecken, weil es solchen Spaß machte, sich hinter oder gar in einer Ming-Vase zu verstecken. Oder sie veranstalteten in der Tschesme-Galerie, wo der Sieg über die Türken auf Wandteppichen und Gemälden verherrlicht war, einen Wettlauf. Der einzige Raum, den die Kinder nie betreten hätten, war das Schlafgemach Pauls I. hoch oben in einem der Türme, in dem die blutigen Bettücher aufbewahrt wurden, in die man die Leiche gewickelt hatte. Jeder wußte, daß es dort spukte, und schaudernd lauschten die Kinder den Dienstboten, die den Geist des ermordeten Kaisers dort schon oft gesehen hatten.

Das Schönste in Gatschina ist jedoch der Park, der größte und malerischste von allen Parks der Kaiserpaläste, eine außergewöhnliche Symphonie von Terrassen, Seen, Flüssen und Inseln mit graziösen Pavillons. In den Zwingern wurden alle Hunderassen gehalten, von zierlichen russischen Windhunden, den Barsoi, bis hin zu den riesigen Bulldoggen, die man zur Bärenjagd mitnahm. In den Stallungen, einem eigenen Palast, sorgte eine Armee von Reitknechten und Zureitern für die Jagdpferde.

Alexander III. liebte sportliche Betätigungen an der frischen Luft. Jeden Nachmittag nahm er die Kinder mit ins Freie, oft auch in den Rotwildpark. Im Winter bekam jedes

Arbeitszimmer der Kaiserin Maria Fjodorowna, Aquarell von E. G. Hau, 1877. Alle von Hau gegen Ende des 19. Jahrhunderts gemalten Räume in Gatschina zeigen eine ähnliche Ausgestaltung: eine harmonische Mischung aus viktorianischem Stil und einer typisch russischen Neigung zum Luxus.

Salon Alexanders II., Aquarell von E. G. Hau, 1874. Im Gegensatz zu seinem Vater mit seinem strengen Geschmack bevorzugte Alexander II. das Rokoko mit seiner Fülle von vergoldetem Zierat, Gemälden, allen möglichen Objekten, Tischchen und Büchern.

GATSCHINA-PALAIS

Die Gärten von Gatschina, Aquarell von Meier, 1844. Das architektonisch strenge Schloß wurde vor allem durch seine Gärten – eine äußerst reizvolle Anlage mit Teichen, Seen und Gebüschen – berühmt.

Tschesme-Galerie, Aquarell von E. G. Hau, 1877. In dieser für Katharina II. entworfenen Galerie wurden später die Siege der Russen über die Türken in großformatigen Gemälden verherrlicht. Nach dem berühmtesten, der Vernichtung der türkischen Flotte bei Tschesme, wurde die Galerie benannt.

Das Empfangszimmer der Kaiserin, mit seiner klobigen Einrichtung und seiner aufdringlich gestreiften Tapete ein höchst unsympathischer Raum. Aquarell von E. G. Hau, 1874.

NÄCHSTE SEITE: *Arbeitszimmer Alexanders II., Aquarell von E. G. Hau, 1882. Die intime, männliche Atmosphäre mit der Sammlung kleiner Familienporträts, dem Lehnsessel und dem am Boden hingestreckten Hund spiegelt den Charakter des Bewohners wider.*

GATSCHINA-PALAIS

Boudoir, Aquarell von E. G. Hau, 1879. Im Gegensatz zum Überfluß in anderen Räumen des Palastes ist dieses Boudoir erstaunlich karg eingerichtet. Der grüne Wandschirm, lederbezogene Möbel und einfache Stiche sind wenig geeignet, eine typisch weibliche Atmosphäre zu erzeugen.

Salon der Kaiserin Alexandra Fjodorowna, Aquarell von E. G. Hau, 1876. Ein förmlicher, aber doch recht schöner Raum.

Arbeitszimmer in Eiche, im Arsenalflügel von Gatschina, Aquarell von E. G. Hau, 1877. Dieses von Hau gemalte Arbeitszimmer mit den alternierenden Paneelen aus hellem gelbem Eichenholz und Tapetenbändern mit großgemusterten Blumen ist einer der bemerkenswertesten Räume von Gatschina.

GATSCHINA-PALAIS

Paradeschlafzimmer, Aquarell von L. Premazzi, spätes 19. Jahrhundert. Mit der Versailles nachempfundenen vergoldeten Balustrade um das Bett erinnert der Raum an das Prunkschlafgemach von Pawlowsk.

Maria Fjodorownas Boudoir, Aquarell von E. G. Hau, 1879.

GATSCHINA-PALAIS Kind einen Spaten, eine Laterne und einen Apfel, und er zeigte ihnen, wie man sich einen Weg im Schnee bahnt und Feuer macht. Dann wurden die Äpfel gebraten, und bei Anbruch der Nacht kehrten sie beim Schein ihrer Laternen zurück. Im Sommer lehrte er sie Tierfährten lesen. Er ruderte mit ihnen, oder sie fischten in den Gewässern von Gatschina. Mein Vater hatte nur schöne Erinnerungen an Gatschina: »Das Schönste aber waren die Picknicks an den langen Sommerabenden, wenn es nicht wirklich dunkel wird und nur ein sanftes graues Zwielicht langsam den Himmel erfüllt. Kleine russische Wagen mit hufeisenförmig angeordneten, mit den Rückenlehnen zusammenstoßenden Sitzen brachten die Gesellschaft, ›gefolgt von der Nachhut der Köche und ihrem Troß‹, zum Picknick. Dort erkundeten der Zar und die Zarin mit ihren Gästen die Umgebung, während die jungen Familienmitglieder nichts Besseres zu tun fanden, als den Köchen zu helfen, das heißt, ihnen im Weg zu stehen und für ein fröhliches Durcheinander zu sorgen.«

Im letzten Krieg von den Deutschen übel zugerichtet, wurde der Palast Regierungsorganen überlassen und erst vor kurzem wieder instandgesetzt. Das Dekor der offiziellen Räume wurde peinlich genau restauriert und hat so seinen alten Glanz wiedererlangt. Dank der von anderswo herbeigeschafften Möbel und Gemälde ist auch wieder eine lebendige Atmosphäre eingekehrt, und der zu neuem Leben erwachte Palast ist heute für die Öffentlichkeit zugänglich.

Die Gärten von Gatschina, eine, wie das Aquarell zeigt, durchdachte Mischung von Wasser und Bäumen.

RECHTS: *Blick auf das Palais über den großen See.*

Anitschkow-Palais

An der Kreuzung des Fontanka-Kanals mit dem Newski-Prospekt, der längsten und verkehrsreichsten Straße von Sankt Petersburg, stand zur Zeit der Stadtgründung ein Lager unter dem Kommando des Obersts Anitschkow, nach dem der später hier erstellte Bau benannt wurde. 1741 erstand Zarin Elisabeth Petrowna das Grundstück und beauftragte den russischen Architekten Mikhail Semzow (1688–1743), ihrem Geliebten, Alexei Rasumowski, ein Palais zu erbauen. Semzow plante einen prächtigen Barockbau, Pavillons mit vergoldeten Zwiebelkuppeln und vergoldeten Statuen über dem Giebel, die einen Schild mit dem Monogramm der Zarin halten sollten. Nach zwei Jahren jedoch starb er und mußte die Vollendung seinem Assistenten überlassen. Nach Rasumowskis und Elisabeths Tod ging der Palast an Katharina über, die ihn ihrem Geliebten Potemkin schenkte. Da er jedoch ständig verschuldet war, verkaufte er ihn an einen Kaufmann. Stets gefällig und zuvorkommend, kaufte ihn Katharina für Potemkin zurück, der, nachdem er die Seitenpavillons vom Architekten Wassili Stassow um ein Geschoß hatte aufstocken und die Zwiebelkuppeln durch klassische Kuppeln ersetzen lassen, wieder so verschuldet war, daß er das Palais erneut verkaufte, diesmal direkt an das kaiserliche Schatzamt.

Anfang des 19. Jahrhunderts beauftragte Alexander I. den Architekten Quarenghi, den Raum zwischen Palast und Fontanka für Läden der kaiserlichen Porzellan-, Glas-, Bronze-, Gobelin- und Seiden-Manufakturen zu nutzen. Das Ergebnis war eine äußerst elegante doppelte Kolonnade, die von einer Balustrade mit einer Reihe von Statuen abgeschlossen wurde.

Als Alexander I. die Staatskanzlei, deren Räume zu klein geworden waren, in das Anitschkow-Palais umsiedeln ließ, kam es erneut zu baulichen Änderungen. Die Läden in Quarenghis Kolonnade wurden geschlossen, vom Architekten Luigi Rusca (1758 bis 1822) wurden zwei Flügel angefügt, und da der Raum noch immer nicht ausreichte, wurde schließlich ein Teil der Läden in Büroräume umgewandelt. Der Beschluß, den Palast als Residenz des Thronerben einzurichten, machte dann weitere Umbauten erforderlich. Mit diesen wurde Alexanders I. Lieblingsarchitekt, Carlo Rossi, betraut, der nach seiner Gewohnheit nicht bei der äußeren Architektur haltmachte, sondern das gesamte Innere ausgestaltete und darüber hinaus auch die Umgebung umplante. So schnitt er vom Garten ein großes Stück für den Ostrowski-Platz ab, an dem er das Alexander-Theater, das heutige Puschkin-Theater, und die öffentliche Bibliothek errichtete.

Zwei Kronprinzen lebten in Anitschkow, der künftige Nikolaus I., dessen Thronbesteigung von großen Tumulten begleitet war, und der spätere Alexander III. Letzterer baute ein Vestibül an und darüber einen Wintergarten, wodurch die Fassade aus dem 18. Jahrhundert ein völlig neues Gesicht erhielt. Bei seinen Stadtbesuchen, die Alexander III. trotz seiner Vorliebe für Gatschina immer wieder einlegte, residierte er nicht im Winter-

Detail der Deckenverzierung im Goldenen Salon von Anitschkow.

ANITSCHKOW-PALAIS   palast, sondern stets nur in Anitschkow. Trotz seines Hangs zur Einfachheit wußte er, was er dem Reich schuldig war und veranstaltete die großen Hofzeremonielle als unvergeßliche Spektakel. Unterstützt wurde er dabei von seiner Frau, der Zarin Maria Fjodorowna, die im Gegensatz zu ihm Freude an Geselligkeiten, Bällen und am Tanzen fand.

Stets elegant, graziös und lächelnd, gab sie eine großartige Gastgeberin ab, die jeden, der in ihre Nähe kam, durch ihren Charme betörte. Aller Augen wandten sich ihr zu, wenn sie einen Raum betrat, obwohl sie klein war. Niemand konnte den Hofknicks besser als sie. Unter ihrer Herrschaft erlangte der Hof, wie sich ein häufiger Gast am Petersburger Hof, Maria von Rumänien, die Tochter einer Großfürstin, erinnerte, eine erlesene Eleganz:

> Onkel Sascha und Tante Mini, damals Zar und Zarin, stehen am Ehrenplatz. Ihr goldenes Kleid ist über und über mit Silber bestickt; ihren Kopf ziert eine Tiara aus Saphiren, so groß, daß sie riesigen Augen gleichen. Kaskaden von Perlen und Diamanten fallen vom Hals bis in die Taille herab. Sie ist die einzige der anwesenden königlichen Damen, auf deren Kleid der blaue Sankt-Andreas-Orden prangt; alle Großfürstinnen tragen das rote Band der heiligen Katharina. Gleich dahinter steht Tante Miechen (Großfürstin Wladimir). Ihr goldbesticktes orangenes Kleid ist prächtiger als der Sonnenuntergang. Bei jeder Bewegung schwingen die Perlen ihres Diadems sanft vor und zurück. Für eine klassische Figur ist sie nicht schlank genug, kommt ihr aber doch sehr nahe, näher als die anderen anwesenden Frauen. Sie hat superbe Schultern, weiß wie Rahm. Überhaupt hat sie eine Eleganz, an die die anderen nicht heranreichen. Neben ihr steht meine Mutter (die Herzogin von Edinburgh), erstaunlich heimisch in dieser glänzenden Versammlung, viel zugehöriger hier als zu Hause in London oder Windsor. Ihr Kleid ist tief enzianblau und mit Zobel besetzt, und die Rubine gleichen riesigen Blutstropfen. Tante Ella (die Großfürstin Sergei) ist in »Altrosa« und Silber gekleidet und ihr ebenmäßiges Gesicht mit Diamanten gekrönt, die wie Lichtstrahlen funkeln. Unter den Älteren findet sich Tante Sani (die Großfürstin Alexandra Yossifowna), eine Dame vom alten Schlag, eine stolze Säule der früheren Generation. Sie ist die Mutter von Olga, der Königin von Griechenland, eine großartige Erscheinung. Ganz in Silber gekleidet, aufrecht wie ein Baum, hochgewachsen und imposant. Das Alter hat weder ihre Schultern noch ihren Kopf zu beugen vermocht. Auf ihrem weißen Haar nehmen sich die Diamanten wie Rauhreif aus. Sie trägt mehr Perlen als jede andere Dame und läßt sie in dicken Kaskaden über das rote Ordensband fallen. Sie weiß sehr wohl, was ihr steht, und ist in der Tat eine stolze Ahnfrau unter den so viel jüngeren. Und welche Parade von Uniformen, wie groß sind alle meine Onkel und Cousins. Ich scheue mich fast, sie anzuschauen, aber wie unerhört hübsch sind manche. Allerdings, das kann ich nicht leugnen, gibt es auch ein oder zwei wirklich häßliche alte Onkel darunter, aber sie fallen nicht ins Gewicht; sie sind bloß Schatten, die den Glanz der vielen anderen nur um so heller erstrahlen lassen. Ich schlage die Augen nieder, nur um den Blick wieder zu heben und diejenigen, die mich faszinieren wie Figuren aus einem unwahrscheinlichen Traum, von neuem zu betrachten.

Maria von Rumänien übergeht in ihrem Bericht die »fabelhafte Kotschubei«, die Hofmarschallin Fürstin Kotschubei, eine schreckliche Dame, vielleicht die letzte ihrer Art, unermeßlich reich, die, unnachsichtig in allen Fragen des Protokolls, einem vollendeten Haushalt vorstand. Wie man munkelte, konnte sie den Gotha von

184

Alexandra Fjodorownas Arbeitszimmer, Aquarell von L. Premazzi, 1853. Im 19. Jahrhundert diente Anitschkow den Thronerben, dem künftigen Nikolaus I. und seiner Gemahlin, als Residenz. Mit seinen Marmorgefäßen, alten Gemälden und all dem Plüsch bot das Palais trotz einer eher einfachen Möblierung eine außergewöhnlich prunkvolle Atmosphäre.

Alexandra Fjodorownas Schlafzimmer, Aquarell von E. G. Hau. Auch dieser Raum mit seinem von Obelisken und Marmorvasen eingerahmten Bett ist offensichtlich ein wohl wenig benutztes Prunkschlafgemach.

ANITSCHKOW-PALAIS — Anfang bis Ende auswendig aufsagen. Jedenfalls zitterten alle vor ihr, denn sie herrschte mit eiserner Rute über den Hof.

Nie kamen Alexander III. seine herkulischen Kräfte so zustatten wie bei einem Unfall des kaiserlichen Zugs, wenn es sich nicht sogar um einen Mordversuch handelte. Unterwegs nach der Krim entgleiste der Zug, und die Kaiserliche Familie wäre vom Waggondach zweifelsohne zermalmt worden, hätte es der Zar nicht mit der Kraft seiner Arme hochgehalten, bis Hilfe kam. Aber die Anstrengung war zu groß gewesen. Er trug einen Nierenschaden davon, an dem er im Alter von neunundvierzig Jahren starb. Natürlich war nichts für den Empfang des neuen Kaisers, Nikolaus' II., vorbereitet.

So wohnte er weiterhin in Anitschkow bei seiner Mutter, die das Palais geerbt hatte. Die sechsmonatige Hoftrauer wurde für einen Tag aufgehoben, für Nikolaus' Hochzeit mit Alix von Hessen, die sich lange hatte umwerben lassen. Schon bei Morgengrauen begann die Menge an jenem denkwürdigen 26. November 1894 den Schloßhof zu füllen. Alle Gesellschaftsschichten des Reichs waren eingeladen worden, und so konnte sich eine Frau mit einer diamantenbesetzten Tiara neben einem Bauern im Kittel und der goldbetreßte Hofbeamte neben einem Dorfbürgermeister in dunklem Kasack wiederfinden.

Lang vor elf Uhr, der für die Zeremonie angesetzten Stunde, waren die Räume des Winterpalastes zum Bersten voll. Alle warteten gespannt. Minuten verstrichen, eine Viertelstunde verging, eine halbe Stunde, eine Dreiviertelstunde. Jeder fragte sich, was das zu bedeuten habe. Inzwischen hatte die übereifrige Polizei im Anitschkow-Palais, in dem sich die Braut ankleidete, den französischen Friseur, den berühmten Monsieur Decroix, verhaftet, der alle Großfürstinnen bei der Hochzeit frisierte, aber vergessen hatte, seine Einladung mitzubringen. Immer ungeduldiger und besorgter wartete die künftige Zarin in ihrem Zimmer. Endlich wurde der arme Mann von einem der Diener erkannt und eingelassen, um mit der Arbeit am kastanienbraunen Haar der Zarin zu beginnen. Und so konnte der Oberzeremonienmeister erst mittags, eine Stunde später, die Ankunft des Zuges ankündigen. Nikolaus trug die rote Uniform seines Husarenregiments, den weißgoldenen Mantel, wie üblich, nachlässig über die Schulter geworfen. Beim Anblick der künftigen Zarin ging ein Raunen durch die Menge: »Wie schön sie ist.« Alix trug ein silbernes Kleid, das sehr gut zum langen Schleier aus alten Spitzen paßte, und dazu das für solche Anlässe reservierte Diadem, eine Pyramide aus Diamanten mit einem von Paul I. gekauften, besonders großen rosafarbenen Diamanten in der Mitte. Um den Hals und am Mieder blitzten weitere Diamanten aus den für die Frau des jeweiligen Herrschers reservierten Kronjuwelen. Über die Schultern fiel eine sehr lange, mit Hermelin besetzte Stola herab.

Hinter ihr kam die Zarinwitwe am Arm ihres Vaters, des alten Königs von Dänemark. Trotz aller Bemühungen, nicht an den Tod ihres Mannes zu denken, hatte sie rotgeweinte Augen; Trauer stand ihr ins Gesicht geschrieben. Dann kam Maria Fjodorownas Schwester, die entzückende Prinzessin von Wales, wie immer außerordentlich elegant, mit ihrem Mann, dem künftigen Eduard VII. Nach dem Hochzeitsfrühstück fuhren Niki und Alix in einer von sechs Schimmeln gezogenen Hofkarosse ab, umjubelt von einer gewaltigen, begeisterten Menge. Alix winkte automatisch, Tränen in den Augen. Noch wußten ihre Untertanen nicht, daß sie fast krankhaft scheu war.

Das junge Paar kehrte in den Anitschkow-Palast zurück, wo die Witwe, noch immer in Gala, sie erwartete und zu ihren Gemächern geleitete. Da die kaiserlichen Appartements im Winterpalast noch nicht instandgesetzt waren, hatte Maria Fjodorowna beschlossen, das junge Paar bei sich zu behalten, auch wenn die Residenz winzig war. Die kaiserlichen Gemächer bestanden nur aus wenigen Räumen im Erdgeschoß, die sich Nikolaus II. in der Jugend mit seinem Bruder geteilt hatte. So hatte das Kaiserpaar nicht einmal ein eigenes Speisezimmer und mußte die Mahlzeiten mit der Zarinwitwe einnehmen, der als Hausherrin das obere Ende der Tafel zustand. Die neue Kaiserin verfügte lediglich über einen winzigen Salon. So traten die reichsten Herren der Welt, Eigentümer zahlloser riesiger Paläste, ihre Herrschaft in der Enge eines Appartements an, das zu beziehen sich jeder Kaufmann geweigert hätte.

Zu den besonderen Attraktionen des Anitschkow-Palastes zählte ehedem auch ein prachtvoller regelmäßiger Garten, der sich auf der rechten Seite an das Gebäude anschloß und unter der Leitung verschiedener berühmter Architekten, darunter Carlo Rossi, mehrfach umgestaltet wurde. Nach dem Sturz der Zarendynastie kam Anitschkow an den Staat, wurde rekonstruiert und 1937 zum Palast der Jungen Pioniere umfunktioniert.

Die Farblithographie zeigt Anitschkow, wie es vom Architekten Mikhail Semzow (1688–1743) im 18. Jahrhundert erbaut wurde. Mit den abgeflachten Dächern und Quarenghis berühmter Kolonnade vor der Fassade ist es heute kaum mehr wiederzuerkennen.

Großfürst-Wladimir-Palais

Nikolaus II. war ein schüchterner Mensch, der sich leicht beeindrucken ließ, vor allem von seinen Onkeln, den Brüdern des verstorbenen Alexanders III., lauter hochgewachsenen, hübschen Männern und starken Persönlichkeiten, die ihre Meinung unverblümt äußerten und ihren Neffen als jungen Mann betrachteten, dem man von Zeit zu Zeit auf die Sprünge helfen mußte.

Der Schlimmste von allen war Großfürst Wladimir, ein allen sinnlichen Genüssen zugetaner Schürzenjäger, aber auch ein äußerst kultivierter Mann mit dem Geschmack und dem Unterscheidungsvermögen eines versierten Sammlers. Sein Palast an der Ecke Winterkai und der passenderweise so bezeichneten »Millionärsstraße« überrascht von außen durch seinen italienischen Stil. Das Innere bietet ein Gemisch aus allen möglichen Stilrichtungen. Das prächtige Treppenhaus macht Anleihen beim Barock, der große Salon lehnt sich an die Renaissance an, das kleine Speisezimmer ist gotisch, der Ballsaal durch und durch Rokoko und die Bankett-Halle führt den alten russischen Stil wieder ein.

Zu dieser Zeit war man es in Rußland allmählich leid, sich von den europäischen Künsten inspirieren zu lassen. Man begann, sich der eigenen Vergangenheit zuzuwenden und die Themen und Formen des russischen Mittelalters auszugraben, was binnen kurzem – grandioser Beweis dafür das russische Ballett – zu einer regelrechten Leidenschaft ausartete. Großfürst Wladimir hatte den »Riecher«, dieser Tendenz von allem Anfang an zu folgen und seinen Palast mit Fresken ausmalen zu lassen.

Seine Frau, Prinzessin Maria von Mecklenburg-Schwerin, für Maria von Rumänien und die Familie »Tante Miechen«, war mit Abstand die eleganteste Frau am Hof. Unbekümmert warf sie mit Geld um sich und legte sich eine große Juwelensammlung zu, aber niemand war auch geeigneter, so viel Schmuck zu tragen, als sie. »Ihr ganzes Leben lang war sie«, wie Maria von Rumänien bemerkte, »geliebt, umschmeichelt und verwöhnt worden... Eine Aura grenzenloser Wohlhabenheit umgab sie. Sie war der unumstrittene Mittelpunkt ihrer Welt, allein ihre Erscheinung zog die Aufmerksamkeit auf sich ...«

Intelligent, ehrgeizig und autoritär, war sie die Höflichkeit selbst, der personifizierte Charme und hielt als Königin der Petersburger Gesellschaft ebenso unangefochten Hof wie ein Jahrhundert früher Großfürstin Helena. Ihr Salon war der brillanteste in der Stadt. Minister, Diplomaten, Künstler und Ausländer kamen gerne, und alle, die in ihrem offenen Haus verkehrten, rühmten ihre unvergleichliche Gastfreundschaft. Während zwischen ihr und ihrer Schwägerin, der Kaiserin Maria Fjodorowna, eine kluge Neutralität herrschte, stieß sie bei der neuen Zarin, Alexandra Fjodorowna, auf offene Antipathie.

Das in den siebziger Jahren des 18. Jahrhunderts erbaute Großfürst-Wladimir-Palais, das außen an Florenz erinnert, weist im Inneren eine Fülle von Stilrichtungen auf. Hier das Türkische Rauchzimmer, das trotz des Marmors, den osmanische Architekten nicht verwendet hätten, durchaus orientalisch wirkt. Eine verspielte Laune, zur Entspannung der Herren gedacht.

GROSSFÜRST-
WLADIMIR-PALAIS

Dazu kam bald noch die Verwicklung in Familienzwistigkeiten. Maria Pawlownas Sohn Kyril heiratete die geschiedene Frau des Bruders der Zarin, was diese nie verzieh. Maria Pawlownas Abneigung gegen Alexandra verwandelte sich in Verachtung. Lange vor der Revolution sah sie das Unheil auf das Zarenreich zukommen. Als der Aufruhr ausbrach, suchte sie auf der Krim Zuflucht, wo sie unter den schrecklichsten Umständen leben mußte, sie, die alles besessen hatte, was sich ihr Herz nur wünschen mochte. Sie hatte das Glück, von ihren Eltern aus dieser Hölle gerettet zu werden. Als ihre Kinder sie nach vielen Jahren wiedersahen, erkannten sie sie kaum wieder. Die imposante, lebhafte Frau von einst war zum Skelett abgemagert und starb wenige Monate später.

In diesem luxuriösen rot-goldenen Salon mit Blick auf die Newa empfing Großfürst Wladimirs Frau Maria Pawlowna, die Königin der Petersburger Gesellschaft, ihre vielen distinguierten Gäste.

Palais der Fürsten Belosselski-Belosjorski

Großfürst Sergei war von allen Brüdern Alexanders III. bei weitem am besten untergebracht. 1884 kaufte die Krone für ihn den herrlichen Palast der Fürsten Belosjorski an der Fontanka gegenüber vom Anitschkow-Palais, Andrei Stakenschneiders Meisterwerk, die vollendetste und verführerischste Rokoko-Nachahmung der Welt. Dieses Wunderwerk, das wie eine Schöpfung des 18. Jahrhunderts aussieht, wurde in Wirklichkeit viel später, um die Mitte des 19. Jahrhunderts, erbaut. Und Sergei hatte Geschmack genug, die originale Ausgestaltung im großen und ganzen unangetastet zu lassen und nur da oder dort einen Raum oder sein Monogramm im Treppenhaus hinzuzufügen.

Alle Berichte stellen ihn als einen sehr gut aussehenden, aber wenig anziehenden, kalten Menschen mit einer dunklen, bizarren Seite dar, die seine Zeitgenossen lieber nicht so genau ausleuchteten. Er war mit Elisabeth von Hessen, Zarin Alexandras Schwester und Marias von Rumänien »Tante Ella«, verheiratet, einer hinreißenden Schönheit, die er mit Juwelen überschüttete. Wenn sie in Belosselski-Belosjorski eine Gesellschaft gab, ging sie mitten im Ball nach oben, um ein neues, noch schöneres Kleid und noch mehr Juwelen anzulegen.

Zum Gouverneur von Moskau ernannt, erwies sich Großfürst Sergei als ebenso hart wie inkompetent und wird sicher zu Recht für den schrecklichen Unfall bei der Krönung von Nikolaus II., der dreitausend Moskauern das Leben kostete, mitverantwortlich gemacht. Das von den Nihilisten geplante Attentat glückte: 1905 wurde er bei der Abfahrt vom Kreml in seiner Kutsche mit einer Bombe in die Luft gesprengt. Seine Witwe bat um die Erlaubnis, seinen Mörder im Gefängnis aufsuchen zu dürfen, und bemühte sich – erfolglos – um eine Umwandlung des Urteils. Diese schöne Frau, die einst die Welt geblendet hatte, zog sich nun gänzlich aus ihr zurück, gründete ein Kloster und wurde dessen Äbtissin. Während der Revolution wurde sie verhaftet und zusammen mit einigen anderen Mitgliedern der Kaiserfamilie in Perm eingesperrt. Gemeinsam wurden sie in einen Grubenschacht gestoßen. Dann warfen ihre Mörder Granaten hinunter. Als ihre Überreste entdeckt wurden, konnte nachgewiesen werden, daß sie, von Wunden übersät, noch einige Tage gelebt hatten, ehe sie vor Hunger und Durst gestorben waren. Heute liegt der gemarterte Leib von Großfürstin Elisabeth in Jerusalem begraben, wo er ein Gegenstand der Verehrung wurde.

LINKS: *Im Vordergrund eins der vier Pferde, die die Anitschkow-Brücke bewachen; dahinter die Fenster des Ecksalons des Belosselski-Belosjorski-Palais.*

NÄCHSTE SEITEN: *Eine großartige Nachahmung der Rokoko-Stilrichtungen durch den Architekten Andrei Stakenschneider.*

PALAIS DER FÜRSTEN
BELOSSELSKI-
BELOSJORSKI

VORHERGEHENDE
SEITEN: *Detail über einer
Tür im verschwenderisch
ausgeschmückten Eck-
salon, typisch für die
Rokokodekoration des
späten 19. Jahrhunderts
mit ihren nicht wegzuden-
kende Putten und ihrem
reichen vergoldeten
Zierat.*

*Belosselski-Belosjorski-
Palais, Farblithographie
aus dem 19. Jahrhundert
von J. Charlemagne. Das
Rokoko-Palais mit der
Anitschkow-Brücke im
Vordergrund.*

Die Frontfassade heute.

OBEN: *Der Kamin im Ecksalon, ein gutes Beispiel für die Exzesse des Rokokostils des späten 19. Jahrhunderts, die im 18. Jahrhundert undenkbar gewesen wären.*

LINKS: *Detail einer Tür im roten Speisezimmer, eine der in exquisiten Farben bemalten Stuckverzierungen, für die Sankt Petersburg zu Recht berühmt ist.*

Zarskoje Selo und der Winterpalast unter Nikolaus II.

Nikolaus II. und Kaiserin Alexandra kannten schon bald nur noch einen Wunsch: fort aus dem Anitschkow-Palais. Zwar waren auch Sicherheitsprobleme zu berücksichtigen, viel wichtiger aber noch war ihnen der Schutz ihrer Intimität, denn vom ersten Tag ihrer Begegnung an waren sie bis zu ihrem tragischen Ende wahnsinnig ineinander verliebt. Als neue Residenz wählten sie den Alexander-Palast in Zarskoje Selo, auch wenn er im Grund eher ein sehr großes Haus als ein Palast war. Dafür aber war er weit abgelegen in einem fernen Winkel des riesigen Grundstücks. Katharina II. hatte das Palais für ihren Lieblingsenkel Alexander I. erbauen lassen. Giacomo Quarenghi hatte mit den Plänen für den Neubau ein Meisterwerk im reinsten palladianischen Klassizismus geschaffen, ohne äußeren Schmuck mit Ausnahme der doppelten Säulenreihe, die die beiden Pavillons des Palastes verbindet. In der Tat liegt die ganze Kunst des Alexander-Palastes im edlen Entwurf seiner Formen. Unter dem Druck des ungeduldigen Paares waren die Instandsetzungsarbeiten bald abgeschlossen, so daß Nikolaus II. schon ein Jahr nach dem Tod Alexanders III. an seine Mutter schreiben konnte:

> Beim Betreten von Alix' Gemächern konnten wir uns gar nicht fassen, so angenehm überrascht waren wir, daß nichts belassen war, was uns an die schreckliche alte Einrichtung hätte erinnern können. Und helles Entzücken erfüllte uns, als wir uns in diesen wunderbaren Räumen einrichteten. Manchmal sitzen wir einfach ganz still da und bewundern, wo immer wir gerade sind, die Wände, den Kamin und die Möbel… Das malvenfarbene Zimmer ist hinreißend. Man fragt sich, wann es besser aussieht, am Abend oder bei Tageslicht. Das Schlafzimmer ist heiter und gemütlich. Auch Alix' vornehmstes Zimmer, der Chippendale-Salon, ist hübsch, ganz in Hellgrün. Aber da die Möblierung noch nicht fertig ist, ist es noch zu früh, um sich ein abschließendes Urteil zu bilden. In meinem Arbeitszimmer und im Speisezimmer sind neue Öfen gesetzt und neue Vorhänge aufgehängt worden. Zweimal sind wir in die künftige Kinderetage hinaufgestiegen, wo die Räume bemerkenswert luftig, hell und gemütlich sind.

Denn das Kaiserpaar erwartete sein erstes Kind. Es hoffte auf einen Jungen, doch es wurde ein Mädchen, dem bald drei weitere folgen sollten.
Der Alexander-Palast bildete einen sonderbaren Kontrast zu seinem Nachbarn, Katharinas Großem Schloß, das bei zeremoniellen Anlässen benutzt wurde und mit all seinem

Zarskoje Selo, Arbeitszimmer Alexanders I., mit der vergleichsweise niedrigen Decke symptomatisch für den strengen Geschmack des Zaren aller Reußen, der als Arbeitstische lange, lediglich mit einer blauen Decke bedeckte Holztische bevorzugte.

Zarskoje Selo und der Winterpalast unter Nikolaus II.

Gold, Marmor, Kristall, Samt und Seide »selbst die einfallsreichsten Hollywood-Produzenten in den Schatten gestellt« hätte. Dazu kamen Pavillons, Monumente, Statuen, Terrassen, Wachen mit Goldtressen, Hofkutschen, von prächtigen Pferdegespannen gezogen, Hofkuriere mit Federhut, Hofdamen in kostbaren Pelzen, Polizeikordons, Kosaken. Im Alexander-Palast dagegen war alles wie auf einen englischen Landsitz zugeschnitten: Chintz, Möbel aus Ahornholz und Messingbetten.

Da Nikolaus II. und Alix so gut wie nie nach Sankt Petersburg kamen, ließen sie am Winterpalast auch nur wenig Änderungen vornehmen, lediglich an einem Speisezimmer für die Familie, einer Bibliothek im anglo-gotischen Stil und einem Schlafzimmer, dessen Decke mit Blumengirlanden verziert ist, die von der Kaiserin höchstpersönlich entworfen wurden. Große Hoffeste wurden immer seltener gegeben. Um so unvergeßlicher blieb der große Ball von 1903, bei dem der ganze Hof russische Kostüme aus dem 17. Jahrhundert trug. Der Zar kam als Alexei I. in himbeerfarbenem, gold- und silberdurchwirktem Brokat, geschmückt mit Kronjuwelen, die extra für diesen Anlaß vom Kreml gebracht worden waren, die Zarin in safranfarbigem, smaragdbesticktem Goldbrokat als seine Frau, Zarin Maria. Die Großfürsten trugen die Roben der Höflinge zur Zeit ihrer Ahnen, und die großen Familien hatten alten Familienschmuck angelegt. Alte Nationaltänze wurden getanzt. Großfürst Michael, Nikolaus' II. Bruder, verlor die Diamantenfeder, die ihm seine Mutter geliehen hatte und die trotz hektischer Suche nicht mehr zu finden war.

Das war der letzte Hofball. Die scheue Alexandra weigerte sich, sich noch einmal einer solchen Tortur zu unterziehen, und dann bestimmten ohnehin die historischen Ereignisse den weiteren Verlauf. 1905 war das Jahr des unseligen Russisch-Japanischen Kriegs. Eines Tages erhielt Nikolaus in Alexandras berühmtem malvenfarbenem Boudoir ein Telegramm, dessen Lektüre ihn erblassen ließ. Er begann so zu zittern, daß er sich an einen Stuhl lehnen mußte, um nicht zu fallen. Mit gepreßter Stimme verkündete er, daß die gesamte russische Flotte in der Bucht von Tsushima von den Japanern versenkt worden sei. Die Kaiserin brach in Tränen aus, der ganze Palast schien Trauer anzulegen. Bald danach, an Epiphanias, fand im Winterpalast der Wassersegen statt, an dem der Zar traditionellerweise teilnahm. Wie üblich, standen die Männer, die Großfürsten, das diplomatische Corps, die Generäle und die Minister, am Newakai, während die Frauen der Zeremonie förmlich gekleidet auf einem Balkon beiwohnten. Die Kanonen schossen von der Peter-Pauls-Festung Salut, natürlich mit Platzpatronen. In diesem Jahr aber war es den Revolutionären dank eingeschleuster Komplizen gelungen, die Kanonen mit scharfer Munition zu laden. Ein Polizist direkt hinter dem Zaren wurde schwer verwundet, das Admiralitätsgebäude wurde ebenfalls getroffen, und die Fenster des Winterpalastes zerbarsten in tausend Splitter, die auf die Zarinwitwe und die Großfürstinnen herunterregneten. Im Handumdrehen herrschte ein schreckliches Durcheinander. Soldaten und Polizisten rannten in alle Richtungen, niemand wußte, ob der Zar verletzt worden war. Zum Glück konnten ihn seine Mutter und seine Frau von ihrer erhöhten Position aus sehen. Ungerührt und ruhig stand er da. »Ich wußte, daß mir jemand nach dem Leben trachtete«, erzählte er später, »und schlug einfach das Kreuzeszeichen. Was sonst hätte ich tun können?« Er hob ein Stück von einem Schrapnell auf, das neben ihm niedergefallen war und gab es Fabergé, um es in ein Schmuckstück einarbeiten zu lassen. Bald darauf folgte der »Rote Sonntag«, an dem eine friedliche Demonstration in ein schreckliches Blutbad ausartete. Eine Revolution erschütterte das ganze Reich. Der Zar befahl seiner Familie, die Hauptstadt zu verlassen. Aber die Zarinwitwe weigerte sich, und ihr Sohn mußte alle erdenklichen Druckmittel anwenden, ehe sie sich schließlich bereit fand, sich nach Gatschina zurückzuziehen. Das Zarenpaar selbst verließ Zarskoje Selo nicht mehr. Es lebte in einer immer hermetischer abgekapselten Welt, einem wohlgeordneten, sauberen, ländlichen, verzauberten Reich, bedroht von einer lauernden Gewalttätigkeit, die nicht zu sehen und zu hören war. Täglich empfing der Zar Minister,

Die am Nordende der Palastfassade gelegene Kirche von Zarskoje Selo mit den charakteristischen goldenen Zwiebeltürmen.

Zarskoje Selo und der Winterpalast unter Nikolaus II.

Staatsbeamte und Gesandte. Manchmal lud er sie zum Mittagessen ein. Andere Zerstreuungen hatte er nicht. Die Zarenfamilie genügte sich selbst.

Trotz seiner konservativen Einstellung mußte Nikolaus den Ereignissen ihren Lauf lassen und sich mit der Bildung einer Duma, einer Versammlung, abfinden, die den ersten Schritt zu einem parlamentarischen System bedeutete. Zur Einsetzung der Duma kehrte er in den Winterpalast zurück. Zusammen mit dem restlichen Hof nahm auch Maria Pawlowna (die den gleichen Namen wie ihre Tante trug) teil.

> Am Tag der Eröffnung der Versammlung glich der Winterpalast einer Festung, so sehr fürchtete man einen Mordanschlag oder feindselige Demonstrationen. Der Hof erschien in Gala, die Männer in Uniform, die Frauen mit Schleppe und Tiara. Ich hatte eine Schleppe von der vorgeschriebenen Länge und nahm meinen Platz im Zug wie eine Erwachsene ein. Noch nie hatte es eine solche Zeremonie gegeben. Alles war so ein bißchen unbestimmt, und eine ganze Reihe Teilnehmer wußte nicht recht, wie sie sich zu verhalten hatten. Die meisten sahen bekümmert aus; man hätte sich leicht bei einer Bestattung wähnen können. Auch der Kaiser selbst wirkte trotz seiner Fähigkeit, seine Gefühle zu verbergen, traurig und nervös.

Dann ebbte die Revolution wieder ab. Normale Verhältnisse schienen wieder einzukehren, in Zarskoje Selo nahm das Leben wieder seinen gewohnten Verlauf. Die junge Baronesse Buxeveden, die zur Lieblingshofdame der Zarin avancieren sollte, wurde in das Alexander-Palais eingeladen und ins malvenfarbige Boudoir geführt. Dort fielen ihr sofort die tiefen, bequemen Lehnsessel auf, die ungewöhnlich vielen Gemälde, die sich an den Wänden nur so drängten, das Piano, das mit einem Spitzentuch bedeckte Sofa, die Photographien, die überall zu sehen waren und die riesigen Sträuße weißer Lilien, die in großen Vasen überall im Zimmer standen. Die Zarin empfing sie in einem der damals modischen spitzenbesetzten Teegewänder aus rosa Seide. Die vier kleinen Großfürstinnen, alle in Weiß gekleidet mit blauen Bändern im Haar, begrüßten sie schüchtern und betrachteten sie wie eine Erscheinung aus einer anderen Welt. Isa Buxeveden gelang es, ihnen die Scheu zu nehmen und sie zu bändigen, und bald spielten die kleinen Mädchen mit ihr. Plötzlich bat die Zarin um Ruhe. Das Baby, Großfürst Alexei, der lang ersehnte Sohn und Thronerbe, der Augapfel der Zarin, wurde gebracht. Ein so schönes Kind mit großen, tiefblauen Augen hatte Isa noch nie gesehen. Er war etwas plump und hatte sehr rote Backen, in denen sich Grübchen bildeten, wenn er lachte. Er streckte die Arme nach seiner Mutter aus, die bei seinem Anblick vor Glück strahlte. Sie hatte an Isa solches Wohlgefallen gefunden, daß sie ihr den Kleinen ein paar Augenblicke zum Halten gab. Bekanntlich aber war dieses entzückende Kind für seine Mutter ein Anlaß ständig quälender Sorgen, denn durch die angeborene Hämophilie, die unheilbare Bluterkrankheit, war sein Leben ständig bedroht.

Um acht Uhr abends schloß sich Isa der Zarenfamilie wieder zum Abendessen an. Nikolaus und Alexandra hatten kein festes Speisezimmer. Die Mahlzeiten wurden jeweils in dem Raum serviert, den das Paar im letzten Augenblick dafür auswählte. An diesem Abend war es der kleine gelbe Salon der Zarin. Im Vorzimmer konnte Isa die Köche in ihren weißen Mützen hantieren sehen, zwischen den mit Silberdeckeln zugedeckten Schüsseln stand der Oberkoch, der berühmte Herr Kubatat, und schmeckte die Gerichte ab. Die Zarin hatte sich umgekleidet, sie trug nun Blau und Silber mit zahllosen Perlenreihen um den Hals und eine Art perlenbestickten Schleier über dem Haar. Isa war vom Charme des Zaren angetan, um dessen graue Augen sich immer, wenn er lächelte, Lachfalten bildeten. Er war ein sanfter, freundlicher Mann, stets aufmerksam und rücksichtsvoll, ein geborener Charmeur.

Nach dem Essen kehrten sie in das Boudoir der Zarin zurück. Nikolaus trank Tee aus

Blick durch die für russische Paläste so typische Enfilade. Auch in Zarskoje Selo geht ein Raum in den anderen über, von denen einer immer noch reicher und prächtiger ist als der andere.

ZARSKOJE SELO UND DER WINTERPALAST UNTER NIKOLAUS II.

einem Glas, dessen Fuß und Griff aus Gold waren, und vertiefte sich in einen Stapel weißer Umschläge, deren Siegel mit einem orangenen Seidenfaden versehen waren, damit sie sich leichter öffnen ließen. Sie enthielten Depeschen und Berichte. Von Zeit zu Zeit reichte er der Zarin wortlos ein Schriftstück, das sie ebenso kommentarlos las. Alexandra hatte sich auf der Chaiselongue mit den spitzenbezogenen Kissen ausgestreckt. Hinter ihr stand ein gläserner Wandschirm, um sie vor Zugluft zu schützen, und über die Beine hatte sie einen mit malvenfarbenem Musselin gefütterten Spitzenschal geworfen. Der Zar zündete sich eine Zigarette an, die er in eine pfeifenförmige Zigarettenspitze steckte, richtete ein paar Worte an seinen Adjutanten und an die diensttuende Hofdame, küßte dann die Kinder, verabschiedete sich von seiner Frau und zog sich in sein Arbeitszimmer zur Arbeit zurück.

Doch wieder brachen die Ereignisse in diesen idyllischen Frieden, in dieses vollkommen harmonische Familienleben ein. Im Sommer 1914 kam es zum Ersten Weltkrieg. Die junge Großfürstin Maria Pawlowna war am Tag seiner Erklärung dabei:

> Am 2. August fuhr ich mit Dimitri (meinem Bruder) in einem offenen Einspänner zum Winterpalast, wo der Zar den Krieg erklären wollte ... Auf dem Platz vor dem Palast hatte sich eine so große Menschenmenge versammelt, daß wir kaum durchkamen und im Schrittempo fahren und alle Augenblicke anhalten mußten. Die riesige Menge verhielt sich ruhig, die Gesichter leuchteten feierlich. Über unseren Köpfen hingen die Fahnen schlapp herunter, und die Kirchenbanner glänzten im Licht der Sonne. Es schien, als hätten die Leute erstmals den Ernst der Lage erfaßt. Zum Te Deum versammelten sich die Zarenfamilie, der Hof und die Regierung im Nikolaus-Saal. Nach dem Gottesdienst und der Verlesung der Kriegserklärung traten der Zar und die Zarin auf den Balkon hinaus. Drunten fiel die Menge auf die Knie, und aus tausend Kehlen erklang in eindrucksvoller Harmonie die russische Nationalhymne.

Der Krieg lieferte der Zarin einen weiteren Vorwand für das zurückgezogene Leben, das sie so liebte. Gemeinsam mit ihren Töchtern suchte sie die um den Palast eingerichteten Lazarette auf, um Verwundete zu pflegen, während der Zar mit seinem Sohn immer wieder an die Front fuhr. Nach den anfänglichen Siegen begann sich das Blatt jedoch zu wenden, und die Armee des Feindes drang ins Reich ein. Der Günstling, von dem ganz Rußland nur schaudernd sprach, der schurkische Mönch Grigorowitsch Rasputin, ein äußerst ausschweifender Mensch, aber auch ein großer Mystiker und ein beunruhigend guter Prophet, wurde ermordet. Die Kaiserin, außer sich vor Verzweiflung, ließ ihn nächtens in einer Kirche beisetzen, die sie unweit des Alexander-Palais hatte bauen lassen.

Das neue Jahr 1917 brach an. Altem Brauch gemäß hielt der Zar den Neujahrsempfang im Großen Schloß ab. Das Thermometer zeigte 38 Grad minus. Die Pferde der Hofkarosse waren wie mit Eisschabracken bedeckt, die Fenster der Kutschen zugefroren. Unbeteiligt und höflich lächelnd, begrüßte Nikolaus II. das Personal der einzelnen Botschaften und Gesandtschaften, wechselte mit jedem ein paar freundliche Worte und gab sich unbeschwert. Dem französischen Botschafter, Maurice Paléologue, aber war das Herz schwer:

> Bei der Rückfahrt zur Bahn kommen unsere Wagen an einem malerischen einsamen Kirchlein moskowitischen Stils vorbei. Es ist der *Fjodorowski Sobor*, der im unteren Stockwerk, in einem geheimnisvollen Gewölbe, die Lieblingsbetstätte der Zarin Alexandra Fjodorowna birgt. Die Nacht ist bereits herabgesunken. Unter ihrem dichten weißen Leichentuch hebt sich die Kuppel des heiligen Ortes ganz undeutlich im Nebel ab ... Ich denke an alle Stunden seufzender Verzückung und

Blick durch einen der beiden Torwege in den Hof des Alexander-Palais Zarskoje Selo.

ZARSKOJE SELO UND DER WINTERPALAST UNTER NIKOLAUS II.

Detail der Kolonnade des Alexander-Palais, Zarskoje Selo. Die Innenausstattung des Palastes, noch Jahre nach der Revolution intakt erhalten, wurde erst nach der schweren Beschädigung im Zweiten Weltkrieg dem Verfall überlassen.

Blick auf die eindrucksvolle Frontfassade von Zarskoje Selo.

ÜBERNÄCHSTE SEITEN:
Das Ägyptische Tor von Zarskoje Selo. Der Palast wurde jeweils dem Geschmack des gerade residierenden Zaren angepaßt. Nach Napoleon Bonapartes Ägyptenfeldzug erfreute sich die ägyptische Architektur großer Beliebtheit. Im Zuge dieser Mode wurde auch eines der Portale in den weitläufigen Gärten mit Basreliefs von Pharaonen und Hieroglyphen bedeckt.

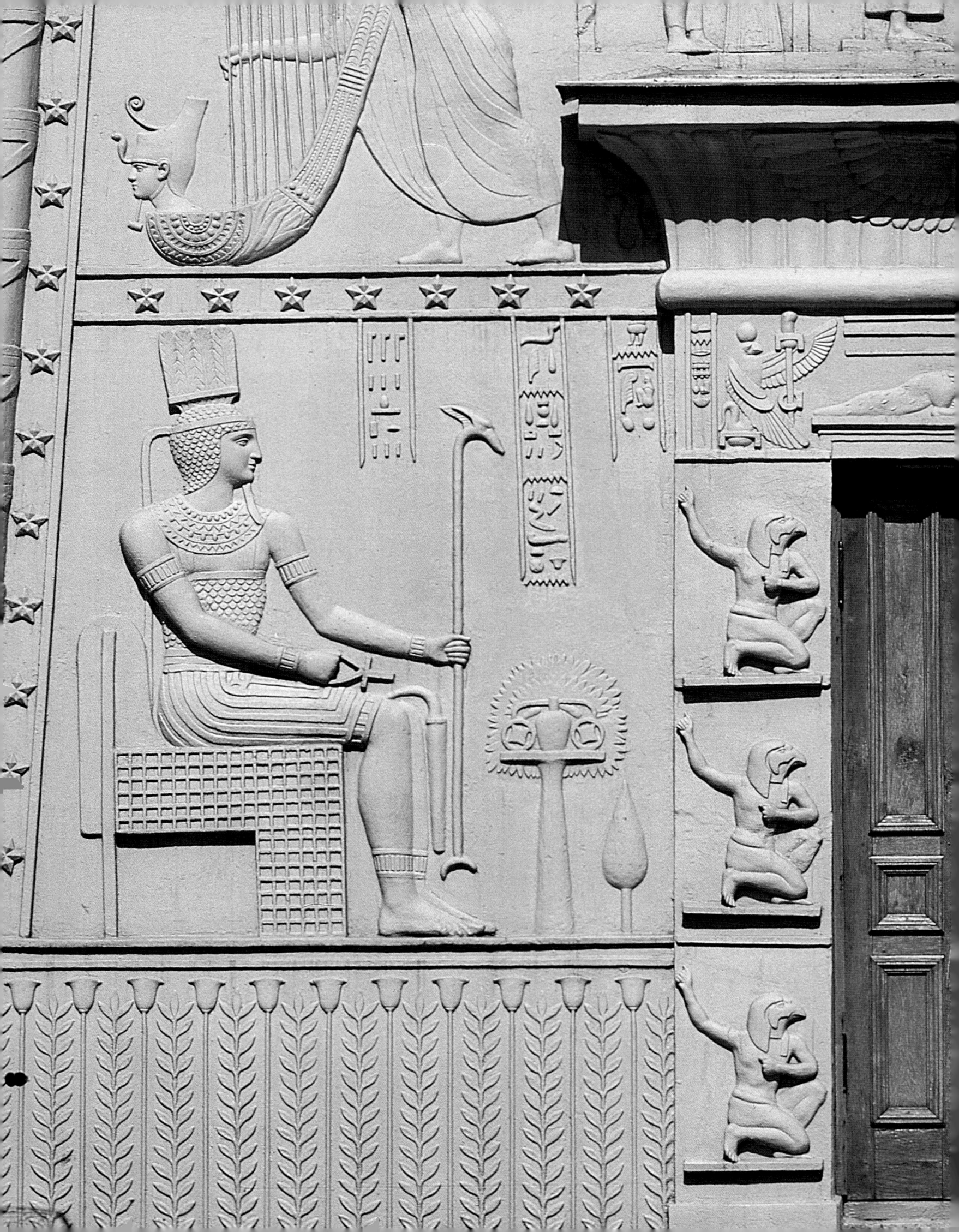

Zarskoje Selo und
der Winterpalast
unter Nikolaus II.

Gesamtansicht des Alexander-Palais, Zarskoje Selo, das als Meisterwerk des Architekten Giacomo Quarenghi gilt.

Zarskoje Selo und der Winterpalast unter Nikolaus II.

verzweifelten Niederkniens, die die Zarin hier verlebt hat, und mir ist, als sähe ich den Geist Rasputins um die Vorhalle schleichen.

Nikolaus kehrte wieder an die Front zurück, und bald darauf brachen in der in Petrograd umbenannten Hauptstadt Unruhen aus. Alexandra, in Zarskoje Selo von der restlichen Welt abgeschnitten, erfuhr nur, daß die Stadt in die Hände der Revolutionäre gefallen und eine provisorische Regierung eingesetzt worden war. Man schlug ihr die Evakuierung in das weiter entfernte, geschütztere Gatschina vor, aber die Kinder hatten Mumps und durften das Haus nicht verlassen. Außerdem brachten die Revolutionäre bald darauf auch die Eisenbahn in ihre Gewalt. Am Abend des 13. März 1917 meuterte die Garnison von Zarskoje Selo, in den Straßen fielen Schüsse, revolutionäre Soldaten näherten sich dem Palast. Fünfhundert Meter von der Residenz der Zarin entfernt töteten sie einen Posten, doch dann ebbte die Aufregung plötzlich ab. Die Nacht verging ruhig. Am nächsten Tag blieb die Zarin von allem abgeschnitten, ohne Nachricht von der Hauptstadt oder von ihrem Mann. Der dritte Tag verging in ebenso qualvoller Ungewißheit. Die Stille und Untätigkeit trieben sie fast in den Wahnsinn. Die Kinder waren krank, ihr Mann fort und niemand da, der ihr einen Rat hätte geben und Nachrichten hätte bringen können.

Am 16. März kam Großfürst Paul, ein angeheirateter Onkel. Er fand sie in der Tracht einer Krankenschwester vor, ruhig und dem Anschein nach heiter. »Liebe Alix«, erklärte er, »ich möchte in diesen schweren Zeiten in deiner Nähe sein.« Ihr Blick ging direkt durch ihn durch. »Niki?« fragte sie. Ihr erster Gedanke galt ihrem Mann. »Nein, Niki ist wohlauf«, antwortete er, »aber du mußt tapfer sein, so tapfer wie er es war. Heute morgen um ein Uhr hat er seine und Alexeis Abdankung unterzeichnet.« »Wenn Niki das getan hat«, sie senkte den Kopf wie im Gebet, »so mußte es wohl sein. Ich vertraue der göttlichen Barmherzigkeit. Gott wird uns nicht verlassen.« Große Tränen rollten ihr über die Wangen: »Zarin bin ich nun also nicht mehr«, sagte sie mit einem traurigen Lächeln, »Krankenschwester aber bleibe ich.« Wenige Tage später wurden sie und die Kinder unter Hausarrest gestellt, und darauf konnte Nikolaus II. endlich nach Zarskoje Selo zurückkehren. Das Wiedersehen von Mann und Frau war ebenso ergreifend wie schmerzlich und wunderbar.

In gewisser Hinsicht fand sich der Kaiser mit der Gefangenschaft ab. Er ging mit den Kindern in den Garten, machte Holz und legte sogar einen Küchengarten an. Manche Wachen waren den Gefangenen gegenüber mitfühlend, andere behandelten sie unfreundlich und beleidigend und demütigten sie. Nikolaus lächelte und ließ sich nicht aus der Fassung bringen. Bei weitem am schlimmsten traf es die Zarin: Ihre Nerven waren zerrüttet, sie erhob sich nicht mehr von der Chaiselongue. Endlich, Anfang August, wurde die Verlegung der Gefangenen an einen geheimen Bestimmungsort angekündigt. Sie erhielten Order, sich um Mitternacht bereitzuhalten. Gegen ein Uhr morgens wurden sie zusammen mit ihrem wenigen Gepäck in der halbrunden Halle versammelt, aber der Zug, der sie mitnehmen sollte, war noch nicht da: Die Petrograder Eisenbahner hatten versucht, ihn aufzuhalten. Stunden verstrichen in Ungewißheit, Müdigkeit und Qual. Endlich, gegen fünf Uhr morgens, hieß es, alles sei bereit. Sie verabschiedeten sich vom Palastpersonal und nahmen in den Hofautos Platz, deren Türen noch mit dem doppelköpfigen Adler verziert waren. Eine Kavallerieabteilung eskortierte sie zum kleinen Bahnhof in der Stadt. Sie stiegen in äußerst bequeme Waggons ein. Um sechs Uhr morgens setzte sich der Zug in Bewegung. Und während der letzte Zar aller Reußen und seine Familie ihrem tragischen Geschick entgegenfuhren, blieb der Alexander-Palast dunkel, still und leer zurück.

Register

Kursiv gedruckte Zahlen verweisen auf Bildlegenden

Aiwasowski, Iwan *28*
Akademie der Bildenden Künste 64, 68
Alexander I. (vormals Großfürst Alexander) 68, 82, 84, 112, 131
- Alexander-Palast 201, *201*
- Anitschkow-Palais 183
- Charakter 123 f.
- Ermordung des Vaters 116, 124
- Invasion Rußlands 119 f.
- Jelagin-Palais 123, *125*
- Kamennostrowski-Palais 118 ff.
- Michael-Palais 127
- Tod 124, 144
- Winterpalast *40*, *143*
Alexander II. 151, 155
- Ermordung 151, 153, 154, 162, 169
- Gatschina *174*, *176*
- Peterhof *31*
Alexander III. 8, 151, 154, 162, 189, 193, 201
- Anitschkow-Palais 183 f.
- Charakter 174, 180, 184 f.
- Gatschina 169, 172, 180, 183
- Kunstsammlung 128
- Alexander-Palast 201 f., 206, *206*, *208*, *212*, 214
- Fjodorows Sobor, Gebetsstätte der Kaiserin Alexandra Fjodorowna 206
- Gelber Salon *204*
- Malvenfarbenes Boudoir 202, 204, 206
Alexander-Theater 123, 183
Alexandra Fjodorowna, Kaiserin (Gemahlin Nikolaus' I.)
- Anitschkow-Palais *185*
- Gatschina 172, *173*, *174*, *178*
- Militärputsch 144, 147 f.
- Peterhof, Schlößchen ›Cottage‹ 131, 134 f., *136*, 138
- Winterpalast 144, 148, 150 f.
Alexandra Fjodorowna, Kaiserin (Gemahlin Nikolaus' II.) 189 f., 193
- Alexander-Palast 201 f., 204, 206, 214
- Anitschkow-Palais 186, 201
- Hochzeit 186
- Revolution 202, 204, 206, 214
- Winterpalast 202, 204
- Zarskoje Selo 202, 204, 214
Alexandra von Griechenland 8
Alexandra von Sachsen-Altenburg, Prinzessin 155
Alexandra Yossifowna, Großfürstin 184
Alexei I. 202
Alexei, Großfürst 204, 206, 214
Alix von Hessen, s. Alexandra

Fjodorowna, Zarin (Gemahlin Nikolaus' II.)
Anitschkow, Oberst 183
Anitschkow-Brücke *193*, *198*
Anitschkow-Palais 151, 183 ff., *183*, *187*, 193, 201
- Alexandra Fjodorownas Arbeitszimmer *185*
- Alexandra Fjodorownas Schlafzimmer *185*
- Goldener Salon *183*
- Quarenghis Kolonnade 183, *187*
Anna (Tochter Peters I.) 19, 39, 40
Anna Pawlowna, Königin (Holland) 144
Aparkamakow 114

Balatschew, General 118
Barozzi, Gebrüder 53
Baschenow, Wassili 112, *114*, 118, 143
Belosjorski, Fürst 193
Belosselski-Belosjorski-Palais 193, *193* ff.
Beningsen, Graf 114, 116, 118
Benois, Nikolai *29*
Borodino, Schlacht von 120
Braunstein I. F. *21*, 23, *23*, *73*
Brenna, Vincenzo 90, *90*, 112, *114*, 123, 169
Brown, Capability 90
Brüllow, Alexander 144
Bush, John 80
Bush, Joseph 80, 123
Buxeveden, Baroneß Isa 204

Cameron, Charles
- Pawlowsk 89, 90, *90*, *92*, *93*, *110*
- Zarskoje Selo *73*, 76, 86, 89
Canova, Antonio 92
Charlemagne, J. *63*, *113*, 128, 198
Charlotte von Preußen, Prinzessin, s. Alexandra Fjodorowna, Zarin (Gemahlin Nikolaus' I.)
Christoph von Griechenland 8
Clausen, Nicolas *148*
Corodoni, Giuseppe 79
Custine, Marquis von 131, 134 f., 138

Dänemark, König von 186
Danilow, General 151
Dawe, George 143
Decroix, Monsieur 186
Demut-Malinowski, Wassili *94*, *124*
Dietz 84
Dimitri (Neffe Nikolaus' II.) 206
Dinglinger, Johann 14
Dolci, Carlo *94*
Duma 71, 204

Edinburg, Herzogin von 184

Eduard VII., König (Großbritannien) 186
Ehemaliges Michaelsschloß 112 ff., 118 ff.
- Fassade *113*, *114*
- Gärten 116
- Kirche 112, *114*
- Schloßhof 112
Elena Wladimorwna, Großfürstin 8
Elisabeth von Baden 84, 86, 119
Elisabeth von Hessen, s. Ella, Tante
Elisabeth Petrowna, Zarin (Tochter Peters I.) 19, 39 f., 42, 45, 53, 56, 68
- Anitschkow-Palais 183
- Oranienbaum 47
- Peterhof 26
- Sommerpalast 112
- Winterpalast 39 ff.
- Zarskoje Selo 73, 76, 80
Ella, Tante (Elisabeth von Hessen, Großfürstin Sergei) 9, 184, 193
Eugène, Vizekönig von Italien, s. Leuchtenberg, Herzog von

Fabergé 7, 202
Falconet, Etienne-Maurice 76, 147
Fontana, Carlo 47, *50*
Fontanka 13, 183, 193
Franklyn, Mrs. 169, 172
Friedrich II., König (Preußen) 53
Friedrich Wilhelm I., König (Preußen) 76

Gagarin, Fürst 157
Gagarin, Fürstin 113
Gatschina 87, 90, 112, 169 ff., *170*, *180*, 183, 202
- Arbeitszimmer Alexanders II. *176*
- Arbeitszimmer in Eiche *178*
- Arbeitszimmer Maria Fjodorownas *174*
- Badezimmer 172, *173*
- Boudoir *178*
- Boudoir Maria Fjodorownas *179*
- Chinesische Galerie *174*
- Empfangszimmer der Kaiserin *176*
- Hundezwinger und Stallungen 174
- Kriegsschäden 180
- Marmornes Speisezimmer *173*
- Park und Gärten 169, 174, *176*, *180*
- Prunkschlafgemach *179*
- Restaurierung 9, *173*, 180
- Salon Alexanders II. *174*
- Salon Alexandra Fjodorownas *178*
- Schlafgemach Alexandra Fjodorownas *174*

- Schlafgemach Pauls I. 174
- Spielzimmer 172
- Tschesme-Galerie 174, *176*
- Weißer Saal *173*
Georg I. (König von Griechenland) 8
Golowin, Gräfin 82, 84, 86
Gorki, Maxim 166
Gottardo Gonzago, Pietro di 90
Gould 90
Goutière 90
Großfürst-Wladimir-Palais 189 f., *189*, *190* f.

Hampton-Court *29*
Hau, E. G. *31*, *35*, *136*, *173*, *174*, *176*, *178*, *179*, *185*
Helena, Großfürstin 189
Helena von Württemberg 127

Ingenieurschule 116
Ismailow 55
Ismailowsches Regiment 54
Iwan IV. 39, 40
Iwan VI. 64

Jelagin, Newa-Insel 123
Jelagin-Palais 123 f., 127
- Fassade *125*
- Gärten und Stallungen 123, *125*
- Ovaler Saal *124*
- Porzellanzimmer *123*, *125*
Josephine, Kaiserin (Gemahlin Napoleons I.) 157
Juriewskaja, Fürstin (Katja) 151, 153, 159

Kaiserlicher Rat 157
Kamennostrowski-Palais 118 ff., *119*, *121*
- Gärten 118, *121*
- Ovaler Saal 118
Karl XII., König (Schweden) 11, 21
Katharina, Großfürstin 119
Katharina I., Kaiserin (2. Frau Peters I.) 14 f., 19, 26, 73
Katharina II. (Katharina die Große) 8, 45, 102, 114
- Abdankung und Ermordung Peters III. 9, 54 ff., 58
- Alexander-Palast 201
- Anitschkow-Palais 183
- Beziehung zu ihrem Sohn 89, 112
- Gatschina 169, *176*
- Kamennostrowski-Palais 118
- Kunstsammlungen 7
- Marmorpalais 61, *63*
- Oranienbaum 47 f., *50*, 52, 53 ff., *55*, *56*
- Pawlowsk 89, *93*
- Peterhof *36*
- Ropscha 58
- Taurisches Palais 67–71, *68*, *71*
- Tod 87

- Tschesme 64
- Winterpalast 82
- Zarskoje Selo 73, *73*, 76, 82, 84, 86 f., *86*, 89 f.
Katharina Dolgoruki, Fürstin, s. Juriewskaja, Fürstin
Katja, s. Juriewskaja, Fürstin
Klenze, Leo von *144*
Kommunismus 8, 9 f., s. auch Revolution
König von Judäa 155
Konstantin, Großfürst (Enkel Katharinas II.) 61, 68, 82, 84, 113, 144, 154
Konstantin Konstantinowitsch, Großfürst *63*, 155
Koslowski, Mikhail 127
Kotschubei, Fürst 184, 186
Krimkrieg 162
Kronstadt, Insel 21, 54
Kutusow, Feldmarschall 119 f.
Kyril (Sohn der Großfürstin Maria Pawlowna) 190

Lamberti (Gärtner) 53
Le Blond, Alexandre
- Peterhof 22, *23*, 23, 26, *26*
- Sommergarten 19
- Strelna 154
Le Chetardière, Botschafter 39
Lenin, W. I. 166
Leningrad, s. Petersburg
Le Nôtre, André 23
Lestocq, Dr. 39
Leuchtenberg, Herzog von 138, *141*, 157
Ludwig XIV, König (Frankreich) 21
Luise von Preußen 148

Madame X 134 f.
Maria, Zarin (Gemahlin Alexeis I.) 202
Maria Alexandrowna, Prinzessin von Hessen 150
Maria Fjodorowna, Kaiserin (Gemahlin Pauls I.) 102, 110, 116, 119, 124, 147
- Ehemaliges Michaelsschloß 112, 113, 116
- Elternmal, Pavillon *89*, *110*
- Gatschina *174*
- Jelagin-Palais 123
- Pawlowsk 89 f., *94*, *96*, 102, *102*, *106*, 112
Maria Fjodorowna (Gemahlin Alexanders III., die spätere Zarinwitwe) 169, 172, 184, 186, 189, 202
Maria Nikolajewna, Herzogin von Leuchtenberg 157, *158*
Maria Pawlowna, Großfürstin (Nichte Nikolaus' II.) 204, 206
Maria Pawlowna, Großfürstin Wladimir, s. Miechen, Tante
Maria von Rumänien 184, 189, 193

Marie Antoinette, Königin (Frankreich) 89
Marie von Mecklenburg-Schwerin, Prinzessin, s. Miechen, Tante
Marientheater 143
Marinski-Palais 157 ff.
- Kapelle 157, *158*
- Roter Salon 157, *157*
- Rotunde *157, 158*
Marinski-Platz 157
Marly-Palais *21, 26*
Marmorpalais 9, 61 ff., *61, 63*
- Marmorsaal 61, *61*
Meier *176*
Menelaws, Adam 131
Menschikow, Fürst 15, 47, *50*
Metsu, Gabriel 102
Meyer, J. *134*
Michael (Sohn von Michael Nikolajewitschs) 166
Michael, Großfürst (Bruder Alexanders I.) 127
Michael Alexandrowitsch, Großfürst (Bruder Nikolaus' II.) 202
Michael Nikolajewitsch, Großfürst (4. Sohn Nikolaus' I.) 166, *166*
Michael-Palais 127 ff., *128*
- Fassade *128*
- Treppenhaus *127*
- Weißer Saal 127, *128*
Michetti, Nicolò 21, *21*, 23, 26
Miconi, Nicolò *148*
Miechen, Tante (Maria Pawlowna, Großfürstin Wladimir) 184, 189 f., *191*
Millionärsstraße 189
Monbijou, Palast 73
Monighetti, Ippolito 76
Montferrand, Auguste Richard de 143
Moskau 7, 120, 193
Moskauer Regiment 147
Münnich, Feldmarschall 39, 40

Napoleon Bonaparte 40, 90, *106*, 113, 116, 124, 157, *208*
- Invasion Rußlands 118 ff., 123
Natitschkin, Leon 86 f.
Nejelow, Ilja *81*
Neues Michael-Palais 166, *166*
Newa 11, 13, 42, *42, 63*, 64, 118, *119*, 123, *125, 166, 191*, 202
Newka, Kleine, Fluß 118
Nikolaus (Sohn Michael Nikolajewitschs) 166
Nikolaus I. 29, 127, 131
- Anitschkow-Palais 183, *185*
- Gatschina *174*
- Kunstsammlung 7
- Marinski-Palais 157, *158*
- Militärputsch 144, 147 f.
- Peterhof, Schlößchen ›Cottage‹ *7*, 131, *134*, 135
- Winterpalast 143 f., *144*, 147 f., 150 f.
Nikolaus II. 71, 151
- Abdankung 214
- Alexander-Palast 201 f., 206
- Anitschkow-Palais 186, 201
- Charakter 189, 204
- Hochzeit 186
- Krönung 193
- Revolution 202, 204, 214
- Russisches Museum 128
- Winterpalast 202, 204, 206
- Zarskoje Selo 204, 214
Nikolaus Alexandrowitsch, Großfürst (Sohn Alexanders II.) 151
Nikolaus von Griechenland 8
Nikolaus Nikolajewitsch, Großfürst (3. Sohn Nikolaus' I.) 138, *138*, 162, *162*
Nikolaus-Palais 162 ff, *162*, *165*

Öffentliche Bibliothek 183
Olga, Großfürstin (Tochter von Nikolaus I.) 29
Olga, Großfürstin (Tochter von Alexander III.) 172
Olga, Königin (Griechenland) (die frühere Großfürstin Olga Konstantinowna) 8, 155, 184
Olga Fjodorowna, Großfürstin 166
Oranienbaum 47 ff., 143
- Chinesischer Pavillon *48, 50, 53, 55*
- Fassade *50*
- Park und Gärten 53, *56*
- Pavillon Peters III. 47, *50*
- Restaurierung 9
- Rutschberg-Pavillon *5*, 47, *52*
Oranienbaumer Kanal 47, 53
Orlow, Alexei 54, 58, 64
Orlow Grigori 54, 55, 58, 61, *63*, 64, 90, 169, *173*
Ostermann, Minister 39, 40
Ostrowski-Platz 183

Pahlen, Graf 114, 116
Palais des Großfürsten Nikolaus 138, *138*
Palais des Herzogs von Leuchtenberg 141
Paléologue, Maurice 206
Palladio, Andrea (Baumeister) 76, 80, 90
Paul, Großfürst (Onkel Nikolaus' II.) 8, 214
Paul I. (der vormalige Großfürst Paul) 84, 87, 89, 123, 186
- Ehemaliges Michaelsschloß 112 ff., *113, 114, 116*
- Ermordung 114 ff., 174
- Erscheinung und Charakter 110 f., 113
- Gatschina 169
- Kamenostrowski-Palais 118
- Mausoleum *106*
- Pawlowsk 90, *94*, 102, *102, 106*, 111
- Taurisches Palais 71
Pawlowsk 8, 89 ff., 90, 112, 154
- Ägyptisches Vestibül 90
- Apollokolonnade *92*, 102
- Apollotempel 102
- Bibliothek 102
- Bildergalerie 102
- Boudoir der Maria Fjodorowna *96*
- Fassade *109*
- Griechischer Saal 90, *96*, 106
- Italienischer Saal 90, *106*, *108*
- Kentaurenbrücke 102
- Kriegsschäden 9, 90
- Krik und Krak 89
- Laternenzimmer *94*
- Marienthal 89
- Mausoleum Pauls I. *106*
- Park und Gärten 89, 90, *92*, *93*, 102, *102*, *109*
- Pauls Arbeitszimmer *94*
- Paulslust 89
- Pavillon ›Elternmal‹ für die Eltern von Maria Fjodorowna 89, *110*
- Prunkschlafgemach der Maria Fjodorowna 102
- Restaurierung 90
- Rittersaal 90, *106*
- Saal des Friedens 90, *96*
- Saal des Krieges 90, *96*
- Salon *108*
- Schlafgemächer *179*
- Schloßhof 90, *93*
- Tempel der Freundschaft *93, 111*
- Thronsaal 102
- Voliere *110*
Pawlowksches Regiment 112
Peter I., Zar (Peter der Große) 40, 73

- Attentatsversuch 13 f.
- Gründung von Sankt Petersburg 11, 39
- Peterhof 21 ff., *21*, 26, 47, 131
- Sommerpalast *11*, 13 ff., *16*, 19, 19
- Standbild 76, 147
- Strelna 154
- Winterpalast 39, *148*
- Zweite Ehe 15, 19
- Zwergensammlung 15
Peter III. (der frühere Großfürst Peter) 45, 110, 138
- Absetzung und Ermordung 9, 54 ff., 58, 64
- Kunstsammlung 47
- Oranienbaum 47 ff., 53 ff.
- Peterhof 54, 56
Peterhof 21 ff., 47, 54, 73, 131, 138, *141*, 143, 154, 155, 169
- Belvedere-Pavillon 151
- Brunnen 28
- Eremitage 22, 23
- Großes Schloß 23, *23*, 26, *26, 27, 28, 32, 36*
- Kriegsschäden 9
- Landhaus *31, 35*
- Marly-Pavillon *21*, 26, *34*
- Monplaisir 21, 23, 26, *34*
- Olga-Insel 29
- Orangerie *35*
- Park und Gärten 23, 29
- Restaurierung 26, *28*, 32
- Stallungen 29
Peterhof, Schlößchen ›Cottage‹ 131 ff., *131, 134, 135*
- Arbeitszimmer Nikolaus I. *7, 138*
- Großes Arbeitszimmer *132, 136*
- Salon *136*
- Treppenhaus *132*
Peter-Pauls-Festung 11, 13, 42, 166, 202
Petrograd s. Petersburg
Pimenow, Stephan *124*, 127
Poltawa 127
Poniatowski, Stanislaus 61
Potemkin, Grigori 67 f., *68*, 71, 102, 112, 183
Premazzi, L. *179, 185*
Preobraschenski-Kasernen 39
Preobraschenskisches Regiment 147
Pugatschew 56, 64
Puschkin, S. A. 13, 117
Puschkin-Theater 183

Quarenghi, Giacomo 7
- Alexander-Palast 201, *212*
- Anitschkow-Palais 183, *187*
- Pawlowsk 90
- Winterpalast 143
- Zarskoje Selo 76, 82, *86*

Rasputin, Grigori 206, 214
Rastrelli, Bartolomeo 7
- Peterhof 22, 26, *26, 27*
- Sommerpalast 112
- Winterpalast 39, 41, *42*, 143
- Zarskoje Selo 73, 76, *79*
Rasumowski, Alexei 39, 42, 56, 183
Reni, Guido *94*
Repnin, Fürst 47
Repnina, Fürstin 48
Revolution 10, 61, 157, 166, 190, 202, 204, 208, 214
Ribera, José de *94*
Rinaldi, Antonio 7
- Gatschina 169, *170*
- Marmorpalais 61, *63*
- Oranienbaum 47, *50, 52*, 53
Ritter des Malteserordens 90, *106*
Romanow-Dynastie 7, 172
Ropscha 58, *59*
- Gärten 58

- Restaurierung 9
Rosa, Salvator 155
Rossi, Carlo 7
- Anitschkow-Palais 183
- Jelagin-Palais 123, *125*, 127
- Michael-Palais 127, *128*
- Pawlowsk 90
Rostoptschin, Graf 120
Roter Sonntag 202
Rubens, Peter Paul *102*
Rusca, Luigi 183
Russisches Museum 128
Russisch-Türkischer Krieg (1828-29) *76*
Russisch-Türkischer Krieg (1877) 162

Sankt-Isaaks-Kathedrale 112, 157
Sankt Michael 112, *116*
Sankt Petersburg (früher Leningrad und Petrograd) 7, 13, 39, *41*, 118, 123, 162, 183, 199
- Festungen 11, 13, 21, 42, 166, 202
- Gründung von 11
- Hof 127, 184, 189
- Revolution 214
- Stadtrat 157
- Uferbefestigung 64
Schädel, Gottfried 47
Schislowa, Jekaterina 162
Schultz, C. *48*
Semzow, Mikhail 183, *187*
Sergei, Großfürstin, s. Ella, Tante
Sergei Michailowitsch, Großfürst 9, 166, 193
Sévigné, Madame de 53
Slawjanka, Fluß 89
Smolny-Institut 151
Smolny-Kloster 68
Sommergarten *13*, *16*, 19, 112, *116*, 151
Sommerpalast 13 ff., 39, 112
- Admiralitätsstuhl Peters des Großen 13
- Arbeitszimmer Peters des Großen 19
- Eingang 11
- Kanalfassade 19
- Küchen 14, *16*
- Schlafzimmer Peters des Großen *16*
- Speisezimmer 14
- Werkstatt Peters des Großen 14
Sophie (Regentin für Peter I.) 11
Stakenschneider, Andrei 7, 138, 141
- Belosselski-Belosjorski-Palast 193, *193*
- Marinski-Palais 157, *158*
- Neues Michael-Palais 166, *166*
- Nikolaus-Palais 162, *162*
- Winterpalast 45, 143, 144
Stassow, Wassili 68, *68*, 73, 143, 147, 183
Strelna 154 f., *154*
Stroganow, Graf 157
Subow, Platon 84, 86, 87, 114, 116

Talitsin-Palais 114
Tatetswil, Fürst 116
Taurisches Palais 67 ff., 112
- Fassade 68, *68*
- Park und Gärten 68, 71
- Rotunde *67, 71*
Terborch, Gerard 102
Thomas de Thomon 118
Tiepolo, Giambattista 53
Torelli, Stefano 53
Trezzini, Domenico 13, 39
Triscorni, Antonio 92
Tscheremetiew, Graf 166
Tscherkessien, Fürst von 22
Tschertkow 84

Tschesme 64, *65*
Tschewakinski 73
Tschoglokow, Frau 48

Union der Sozialistischen Sowjetrepubliken 8 ff.

Velten, Juri 19, 64, *65*, 82, 118
Veronese, Paolo 102
Versailles 179
Vighi, Antonio *123*, 127, *128*
Voltaire 53, 58

Wales, Princess of 186
Wilton House 76
Winterkai 166, 189
Winterpalast 39 ff., 61, 64, 113, 116, 143 ff., *153*, 166, 183, 186, 201 ff.
- Alexandersäule *40*, *41*, 148
- Alexandra Fjodorownas Boudoir 144
- Bälle 148, 150, 202
- Diamantensaal 144
- Eremitage 45, 143, 148
- Fassade 39, *40*
- Jordantreppe 42, *42*, 143, *143*, 148
- Kirche 42, 143
- Konzertsaal 150
- Kriegsschäden 9
- Malachitzimmer 144, *147*, 150
- Militärgalerie 143
- Neue Eremitage *144*
- Nikolaus' I. Arbeitszimmer 143
- Nikolaus' II. und Alexandras Wohngemächer 202
- Nikolaus-Saal 150, 206
- Pavillonsaal 45, 143
- Sankt-Georgs-Saal 143
- Thronsaal *87, 148*
- Umbauten 41 f., 143
Weltkrieg I 155, 162, 206
Weltkrieg II 9, 73, 90, *173*, 208
Wladimir, Großfürst 189, *189, 191*
Woronichin, Andrei 90, *94*, 102
Woronstowa, Elisabeth 54, 55
Wouwerman, Philips 155

Xenia Alexandrowna, Großfürstin 58

Zachari Konstantinowitsch 87
Zacret, Landhaus von Bennigsen 118
Zarenhof 7 f.
Zarskoje Selo 64, 73 ff., 89, 90, 123, 143, 150, 169, 204, *204*, 214
- Achatpavillon 80
- Ägyptisches Tor *208*
- Appartements von Katharina der Großen 76, 80
- Bernsteinzimmer 76
- Cameron-Galerie 80
- Ehrenhof mit schmiedeeisernen Torgittern *79*
- Englischer Garten 80
- Eremitage 73
- Fassade 73, *79, 208*
- Galerie und Treppe 73, *86*
- Großer Saal 76
- Grotte 73
- Kirche 73, 202
- Knarrender (Chinesischer) Pavillon 80, *81*
- Konzerthalle *82, 86*
- Kriegsschäden 9, 76
- Marmorbrücke 76, *81*
- Monbijou 73
- Oberer Badeteich 84
- Türkisches Bad 76, *81*
- Weißer Pavillon *82*
- Wittolowski-Kanal *81*
- vgl. auch Alexander-Palast; Winterpalast